即解 330問

婚姻費用・養育費の算定実務

著 松本 哲泓（弁護士・元大阪高等裁判所部総括判事）

新日本法規

著 者 略 歴

松 本 哲 泓（まつもと　てつおう）

〔略　歴〕

1973年	司法修習生	2011年	定年退官
1975年	判事補	2012年	関西大学法科大学院教授
1985年	判事	2014年	弁護士登録
2006年	富山地方・家庭裁判所所長	2017年	定年退職
2007年	和歌山地方・家庭裁判所所長	2017年	瑞宝重光章受章
2008年	大阪高等裁判所部総括判事		

〔主な著書〕

『婚姻費用・養育費の算定－裁判官の視点にみる算定の実務－』（新日本法規出版、2018年）

『離婚に伴う財産分与－裁判官の視点にみる分与の実務－』（新日本法規出版、2019年）

『〔改訂版〕婚姻費用・養育費の算定－裁判官の視点にみる算定の実務－』（新日本法規出版、2020年）

『代言人事典』（ユニウス、2016年）

〔主な論文（家事関係のみ）〕

「婚姻費用分担事件の審理－手続と裁判例の検討」家庭裁判月報62巻11号1頁（2010年）

「子の引渡し・監護者指定に関する最近の裁判例の傾向について」家庭裁判月報63巻9号1頁（2011年）

「婚姻費用・養育費を増減する審判の主文について」家庭裁判月報63巻11号151頁（2011年）

「財産分与審判の主文について」家庭裁判月報64巻8号105頁（2012年）

「抗告審決定の主文について」家庭裁判月報65巻5号125頁（2013年）

「家事裁判例紹介・相続財産法人による特別縁故者の申立人たる地位の承継」民商法雑誌151巻3号105頁（2014年）

「家事裁判例紹介・遺産分割手続からの排除決定を取り消した事例」民商法雑誌153巻3号139頁（2017年）

「家事裁判例紹介・遺産分割の方法について、代償分割を不相当とした事例」民商法雑誌154巻6号140頁（2019年）

「家事裁判例紹介・婚姻費用減額の算定方法と減額にともなう清算方法」民商法雑誌156巻3号128頁（2020年）

略　語　表

<法令の表記>

　根拠となる法令の略記例及び略語は次のとおりである。

　家事事件手続法第245条第1項＝家事245①

家事	家事事件手続法		民	民法
家事規	家事事件手続規則		民執	民事執行法
健保	健康保険法		民訴費	民事訴訟費用等に関する法律

<判例の表記>

　根拠となる判例の略記例及び出典の略称は次のとおりである。

　最高裁判所令和2年1月23日決定、裁判所時報1740号1頁＝最決令2・1・23裁時1740・1

判時	判例時報		家判	家庭の法と裁判
判タ	判例タイムズ		裁時	裁判所時報
家月	家庭裁判月報		民集	最高裁判所民事判例集

<参考文献の表記>

　参考文献の略称は次のとおりである。

松本	松本哲泓『〔改訂版〕婚姻費用・養育費の算定－裁判官の視点にみる算定の実務－』（新日本法規出版、2020年）
実証的研究	司法研修所編『養育費、婚姻費用の算定に関する実証的研究』（法曹会、2019年） 本文中の「標準算定方式」及び「算定表」は当該実証的研究による。 なお、本文中の「標準算定方式」には、東京・大阪養育費等研究会「簡易迅速な養育費等の算定を目指して－養育費・婚姻費用の算定方式と算定表の提案－」（判例タイムズ1111号285頁）における「標準算定方式」を指す場合もある。

目　　次

事 項 索 引

はじめに

　本書は、家事調停におけるハンドブックとしての利用を目指したものである。Q＆Aは、裁判事例、調停において問題となった事例、裁判官・弁護士・家事調停委員（以下、「調停委員」という。）との勉強会、各地の弁護士会等において講演を行った際の質問等から構成している。

　なお、Q＆Aの回答は、一般的な場合を想定しており、個別事案では、その事情を反映して、異なる判断となることもあると承知願いたい。

　また、拙書『〔改訂版〕婚姻費用・養育費の算定―裁判官の視点にみる算定の実務―』（新日本法規出版、2020）に、詳細な解説を委ねている箇所もある。あわせて参考にされたい。

第1　算定の考え方

1　標準算定方式

(1)　標準算定方式の考え方

　婚姻関係が円満に推移している場合、その家計は、給与所得者の場合、多くの場合、次のようなものとなっている。すなわち、その月の総収入から、①ないし⑥を控除した残りで生活をしているといえる。⑥は、⑦が不足すれば、生活費に組み入れられるものである。

総収入

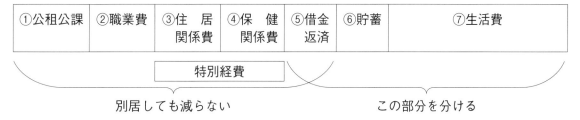

　①は、所得税・住民税・社会保険料、②は交通費や仕事上の交際費、③は住居確保のための費用、④は医療費・保険掛金など（③と④を併せて、特別経費という。）であり、いずれも、別居したからといって、直ちに減少するものではない。そこで、権利者・義務者の生活費は、これらを除いたものを分けるということになる。⑤は、これも別居後も支払わなければならないものであるから、過去においては、これを控除したものを分けるということもあったが、それでは、借金返済を婚姻費用・養育費の分担義務に優先させることになるので、控除する前の額で計算する。⑥の貯蓄も分担義務に優先しないので、控除しない。そこで、⑤ないし⑦の部分を分割する。すなわち、総収入から①ないし④（公租公課、職業費、特別経費）を控除したものを基礎収入とし、これを生活費指数で分ける。

　なお、上記の図は、給与所得者をモデルとするものである。事業所得者の場合、給与所得者の職業費に当たる事業のための経費の割合が職種によって大きく異なることから、これを職業費として一律に扱うことは相当でないので、課税所得を、総収入と扱い、これから、所得税・住民税、特別経費を控除したものを基礎収入とする。社会保険料は、課税所得算出前に控除されているので、控除しない。給与所得者と事業所得者の違いは、次の図のようになる。

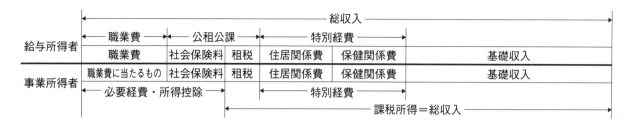

	職業費	公租公課		特別経費		
給与所得者	職業費	社会保険料	租税	住居関係費	保健関係費	基礎収入
事業所得者	職業費に当たるもの	社会保険料	租税	住居関係費	保健関係費	基礎収入

（2）　基礎収入の割合

　上記の各費目については、標準算定方式が提案される前には、いずれもその額を証拠によって認定してきた。これを、実額方式という。しかし、その認定のために手続が長期化したことから、標準算定方式は、収入の認定以外は、公租公課は、税法等により理論的に算出された数値、他は、統計による標準的な額を用いることとした。統計の具体的な数値は、令和元年12月に発行された実証的研究によれば、**別紙1**及び**別紙2**のとおりであり、その総収入に対する割合は、次の図のようになる。

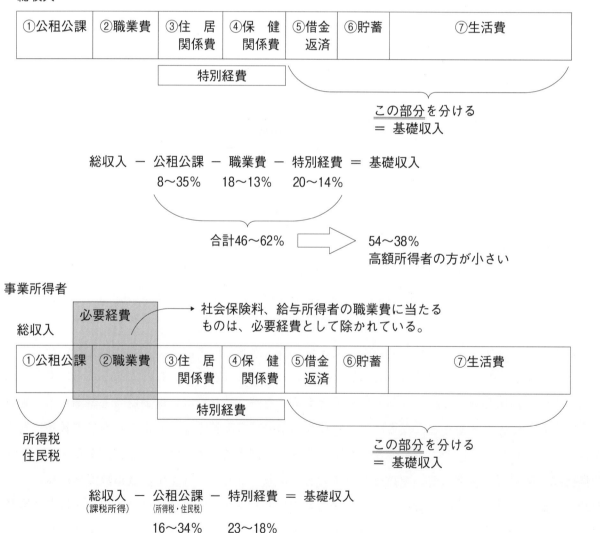

収入に応じた基礎収入の割合は次の表のとおりである。

給与所得者		事業所得者	
収入（万円）	割合（%）	収入（万円）	割合（%）
0〜　75	54	0〜　66	61
〜 100	50	〜　82	60
〜 125	46	〜　98	59
〜 175	44	〜 256	58
〜 275	43	〜 349	57
〜 525	42	〜 392	56
〜 725	41	〜 496	55
〜1325	40	〜 563	54
〜1475	39	〜 784	53
〜2000	38	〜 942	52
		〜1046	51
		〜1179	50
		〜1482	49
		〜1567	48

(3)　生活費指数

　子の生活費指数は、生活保護基準による、大人を100とした場合の子の生活費の割合である。子は、0〜14歳と、15〜19歳（以下「14歳まで」「15歳以上」という。）の2区分とし、基準生活費に、教育費を加えて算定された。

　教育費加算前の生活費割合は、次のように算出される。

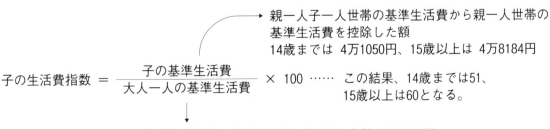

　教育費は、0歳から14歳までの子については、公立中学校の子がいる世帯の年間平均収入に対する公立中学校の学校教育費相当額を、15歳以上の子については、公立高等学校の子がいる世帯の年間平均収入に対する公立高等学校の学校教育費相当額を考慮する。

　教育費を含めた子の生活費指数によって算出される子の生活費は、生活保護基準のみ考慮して得た生活費指数（上記51又は60）で算出した生活費に学校教育費を加えた額と同じになるはずである。

　まず、0歳から14歳までについて見る。この年齢区分では、公立中学校の子がいる世帯の年間平均収入の基礎収入に対する公立中学校の学校教育費相当額を考慮するところ、平均収入は732万9628円であり、学校教育費は13万1379円である。そして、この収入における基礎収入の割合は40％である。

　そこで、次の式から、Xは62となる。

$$732万9628円 \times 0.40 \times \frac{X}{100+X} = 732万9628円 \times 0.40 \times \frac{51}{100+51} + 13万1379円$$

$$X \fallingdotseq 62$$

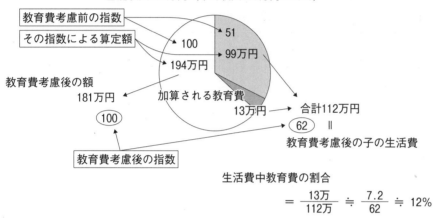

　子の指数62のうち、教育費の占める部分は約7.3となるので（上記図では、7.2であるが、万円以下を加えて計算すると7.3になる。）、整数値をとり7とする。百分率では約12％である。

　同様に、15歳以上の子については、公立高等学校の子がいる世帯の年間平均収入は、761万7556円であり、公立高等学校の学校教育費相当額25万9342円で、この収入における基礎収入の割合は40％であるから、その学校教育費考慮後の生活費指数は、85となる（実証的研究46頁）。そして、平均収入の場合の生活費指数85のうち、教育費の占める部分は約15.7となるので、整数値をとり16とする。百分率では約18.5％である。

＜生活費割合＞

	子の生活費指数	うち、教育費部分	百分率
0〜14歳	62	7	12％
15〜19歳	85	16	18.5％

2　算定の方法

(1)　婚姻費用算定の方法

　権利者と義務者の基礎収入を合算したものが家族全体の生活費となる。これを生活費指数で按分する。次のようなステップで算出する。

①　ステップ1

　権利者と義務者それぞれについて、基礎収入を算出する。基礎収入は、それぞれの総収入に、前

記1⑵の基礎収入の割合を乗じる。

② ステップ2

　権利者世帯に割り振られる婚姻費用（c）を、権利者と義務者の基礎収入の合計（a＋b）を権利者側と義務者側の生活費指数によって按分する方法で算出する。

③ ステップ3

　権利者世帯に割り振られる婚姻費用（c）から権利者の基礎収入（b）を控除したものが、義務者が分担すべき婚姻費用である。

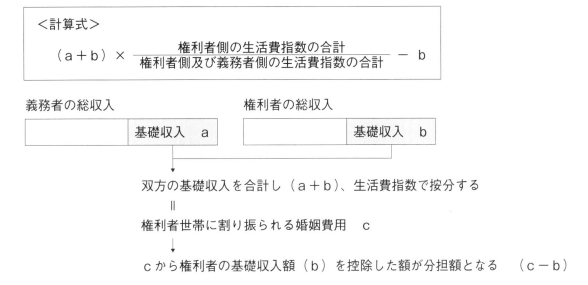

＜計算式＞

$$(a＋b) \times \frac{権利者側の生活費指数の合計}{権利者側及び義務者側の生活費指数の合計} － b$$

義務者の総収入　　　　　　　　　権利者の総収入

| | 基礎収入　a | | 基礎収入　b |

双方の基礎収入を合計し（a＋b）、生活費指数で按分する

＝

権利者世帯に割り振られる婚姻費用　c

cから権利者の基礎収入額（b）を控除した額が分担額となる　　（c－b）

＜計算事例1＞

　義務者の給与収入が800万円、権利者の給与収入が200万円であり、権利者が、14歳までの子2人を養育する場合の婚姻費用はいくらとなるか。

① ステップ1

　基礎収入の割合は、義務者が40％、権利者が43％であるから、基礎収入は、義務者が320万円、権利者が86万円となる。

② ステップ2

　子らの生活費指数は、いずれも62である。

　権利者世帯に割り振られる婚姻費用は、

$$(320万円 ＋ 86万円) \times \frac{100 ＋ 62 ＋ 62}{100 ＋ 100 ＋ 62 ＋ 62}$$

により、280万7000円となる（千円未満四捨五入。以下同じ）。

③ ステップ3

　義務者が分担すべき婚姻費用は、280万7000円から権利者の基礎収入の額86万円を控除した194万7000円（月額16万2000円）となる。

　なお、算定表の表13では、16〜18万円の下方となる。

⑵ 養育費算定の方法

ア 考え方

養育費は、子に必要な生活費を親である権利者と義務者がその収入に応じて分担すると考える。そ

して、標準算定方式は、分担の対象となる子に必要な生活費を、子が義務者と同居したと仮定して、その場合に子に割り振られる生活費とする。

子に必要な生活費については、異なる考え方、例えば、権利者、義務者、子が同居した場合に子に割り振られる生活費とする考え方（平山貢ほか「養育費分担額査定の研究」家庭裁判月報40巻4号203頁（1988））、義務者の収入と無関係に、生活保護基準を参考に算出する考え方（福岡高決昭47・2・10家月25・2・79など）などもあるが、少数説にとどまっている。

なお、標準算定方式でも、権利者の収入が、義務者より高い場合には、方式を修正しているが、これは、次に述べることとし、通常の場合を説明すると、次のように算定される。

① ステップ1

権利者と義務者それぞれについて、基礎収入を算出する。基礎収入は、それぞれの総収入に、前記1(2)の基礎収入の割合を乗じる。これは、婚姻費用の場合と同じである。

② ステップ2

子に割り振られる生活費（c）を、義務者の基礎収入（a）を義務者と子の生活費指数で按分する方法で算出する。

③ ステップ3

子に割り振られる生活費（c）を、権利者と義務者とで、基礎収入の割合で按分したものが、義務者の分担すべき養育費となる。

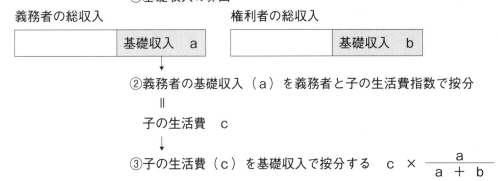

①基礎収入の算出

②義務者の基礎収入（a）を義務者と子の生活費指数で按分
＝
子の生活費　c

③子の生活費（c）を基礎収入で按分する　$c \times \dfrac{a}{a+b}$

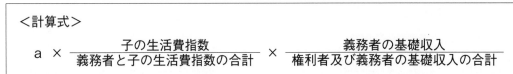

<計算式>

$$a \times \frac{\text{子の生活費指数}}{\text{義務者と子の生活費指数の合計}} \times \frac{\text{義務者の基礎収入}}{\text{権利者及び義務者の基礎収入の合計}}$$

<計算事例2>

義務者の給与収入が800万円、権利者の給与収入が200万円であり、権利者が、14歳までの子2人を養育する場合の養育費はいくらとなるか。

① ステップ1

基礎収入の割合は、義務者が40％、権利者が43％であるから、基礎収入は、義務者が320万円、権利者が86万円となる。

② ステップ2

子らの生活費指数は、いずれも62である。

子に割り振られる生活費は、320万円 $\times \dfrac{62 \ + \ 62}{100 \ + \ 62 \ + \ 62}$ により、177万1000円となる。

③　ステップ3

義務者の分担額は、177万1000円 $\times \dfrac{320万}{320万 \ + \ 86万}$ により、139万6000円となる。

月額にすると、11万6000円である。算定表の表3では、10～12万円の上方である。

イ　権利者の収入が義務者の収入より高額の場合

このような場合、子が権利者と同居した場合に子に割り振られる生活費と、子が義務者と同居した場合に子に割り振られる生活費を比較し、多い方を子に必要な生活費とする考え方が有力であった（高い生活費保障方式。通常、収入の多い方と同居したと仮定した場合の額となる（東京家審昭45・12・24家月23・7・59、神戸家尼崎支審昭48・9・18家月26・6・44、高松高決昭49・5・7判時756・84、大阪家審昭49・8・17家月27・6・58など）。）。養育費の分担義務は、生活保持義務であり、子は親と同程度の生活を要求することができるところ、両親の生活程度に差があるときは、子の福祉という観点から、子は、生活程度の高い方の生活を要求できるとされるのである（高島良一＝佐久間重吉「判批」判例タイムズ138号41頁（1963））。

しかし、標準算定方式は、権利者の収入が義務者の収入より高額の場合は、これを義務者の収入と同額と扱うこととした。これは、権利者の収入が義務者の収入より高額の場合、高額の方を基準にすると、高額になればなるほど義務者の分担額が増加し、義務者に過酷となるからである（東京・大阪養育費等研究会「簡易迅速な養育費等の算定を目指して－養育費・婚姻費用の算定方式と算定表の提案－」判例タイムズ1111号291頁注4（2003））。

＜計算事例3・権利者の収入が義務者より多い場合＞

計算事例2と同じ家族構成で、義務者の給与収入が300万円、権利者の給与収入が400万円の場合の養育費はいくらとなるか。

①　ステップ1

義務者の基礎収入は、基礎収入割合が42％であるから、126万円となる。権利者の基礎収入は、その基礎収入割合が42％であるから、168万円となる。ただし、権利者の収入については、義務者と同額に扱うから、その基礎収入は、126万円として計算することとなる。

②　ステップ2

子らの生活費指数は、いずれも62である。

子に割り振られる生活費は、126万円 $\times \dfrac{62 \ + \ 62}{100 \ + \ 62 \ + \ 62}$ により、69万8000円となる。

③　ステップ3

義務者の分担額は、69万8000円 $\times \dfrac{126万}{126万 \ + \ 126万}$ により、34万9000円となる。

月額にすると、2万9000円である。算定表の表3では、2～4万円の概ね中間である。

なお、高い生活費保障方式では、権利者の基礎収入が168万円であるから子らに割り振られる生活費は、93万円となり、これを基礎収入で按分して、月額3万3000円となる。

第2　Q&A

1　申立手続等

（管　轄）

Q1　婚姻費用・養育費の調停や審判の申立ては、どこにするか。

　　調停を申し立てるべき裁判所は、相手方の住所地を管轄する家庭裁判所又は当事者が合意で定める家庭裁判所である（家事245①）。

　　審判の申立ては、婚姻費用については夫又は妻の住所地、養育費については子の住所地を管轄する家庭裁判所にする（家事150三・四）。調停前置主義（家事257）の適用はないが、通常、調停から始める（家事274）。

（口頭申立て）

Q2　申立ては、口頭で可能か。

　　申立ては、書面ですることが必要である（調停につき家事255①、審判につき家事49①）。口頭による申立てはできない。調停（審判）申立書のひな形は、家庭裁判所のウェブサイトから入手できる。

（申立書記載事項）

Q3　申立書に書くべき事柄は何か。

　　申立書には、①当事者及び法定代理人、②申立ての趣旨及び理由（申立てを特定するのに必要な事実（家事規37①））、③事件の実情を記載する（家事49②・255②、家事規37・127）。

（申立時提出書面）

Q4　申立書と共に裁判所に提出する書面は何が必要か。

　　関係者の戸籍謄本(全部事項証明書)、申立人の収入に関する証明書(源泉徴収票など)である。

（申立費用）

Q5　申立費用はいくらか。

　　家事調停、審判とも、申立ての手数料は1200円である（民訴費3①・別表第1⑮の2）。

（合意後の申立て）

Q6　義務者は婚姻費用等について毎月末に各5万円を支払うとの念書を差し入れたので、これに承諾したが、一向に履行しないので、婚姻費用分担の調停を申し立てた。この申立ては、適法か。

　　念書に具体的な金額を確定した時期に支払う旨が記載され、これに権利者が承諾したのであ

れば、婚姻費用の分担に対する協議（合意）は成立しており、その履行を求めるということであれば、この合意に基づき地方裁判所に履行請求の訴えを提起すべきであり、婚姻費用分担調停は、許されない。ただし、任意の履行を求める趣旨での調停であれば、夫婦間の問題であり、一般調停としては成り立つ。

（移　送）

Q7　申立人は相手方の住所を調べ、その住所地を管轄する家庭裁判所に調停の申立てをしたが、相手方は、申立てが受け付けられた日の夜に他県に引越ししており、管轄がないと主張して移送を求めたが、相手方の主張は認められるか。

　　調停事件の管轄は、相手方の住所地を管轄する家庭裁判所又は当事者が合意で定める家庭裁判所である（家事245①）が、管轄は、申立てがあった時を基準に判断される（家事8）。したがって、相手方の主張は認められない。

Q8　申立人がその住所地の家庭裁判所に調停を申し立て、相手方は他県に住んでいたが、これに応じてきた。しかし、その後、相手方が、裁判所への出頭の負担が大きいといって、その住所地の家庭裁判所への移送を求めた場合、どのように対応するか。

　　家事事件では応訴管轄は認められていないが、管轄のない事件は、受付段階で拒否されるから、調停が開始されている事件は、合意管轄などがある事件であろう。そうであれば、その主張の程度の事情では、移送すべき理由はない。電話会議などの利用により、当事者の負担を軽減する方法をとって進行することは考慮するべきである。

Q9　義務者が勤務の都合から他県へ転居したとの理由で、転居地を管轄する家庭裁判所への移送を求めた場合、どのように対応するか。

　　移送が認められるためには、手続が遅滞することを避けるためなどの事情が必要である（家事9②）。単に転居したというだけでは、移送の理由とならない。ただし、電話会議などの利用により、当事者の負担を軽減する方法は考えてよい。

（自庁処理）

Q10　管轄のない家庭裁判所に家事事件が係属することはあるか。

　　家庭裁判所は、管轄のない事件は管轄のある家庭裁判所に移送するが、事件を処理するために特に必要があると認めるときは、管轄のない他の家庭裁判所へ移送したり、自ら処理できるので（家事9①）、自庁処理される場合は、管轄のない家庭裁判所が事件を扱うこととなる。

（移行裁判所）

Q11　調停が不成立となり、審判に移行したが、審判はどの家庭裁判所が担当するか。

　　調停申立てによって開始した婚姻費用、養育費に関する調停が不成立となって終了した場合、

家事調停の申立時に家事審判の申立てがあったとみなされ（家事272④）、これを家事審判手続への移行というが、移行する家庭裁判所は、調停が係属していた裁判所である。この場合、移行裁判所に管轄がない場合も生じるが、調停期日に当事者双方が出頭して話合いに応じていた場合では、多くの場合、自庁処理（家事9①ただし書）がされるが（金子修編著『逐条解説　家事事件手続法』818頁（商事法務、2013））、管轄裁判所に移送される場合もある。

（調停委員の欠席）

Q12　調停委員二人のうち一人が欠席したが、当日の調停期日を開けるか。

調停委員会は、一人の裁判官と二人以上の調停委員で構成される（家事248①）。構成する調停委員の一人が、執務できない状態であれば、実質的に調停委員一人という状態であり、期日は開くべきでない。どうしても、期日を開く必要がある場合は、調停委員を執務可能な者と交替させるか、単独調停（家事247ただし書）に変更して開くこととなる。

（調停委員の知り合い）

Q13　当事者の一人が調停委員の一人と同じ町内に居住する者であることが分かった場合、期日をそのまま進行してよいか。

当事者の一人が調停委員の近所の住民であるというだけでは、その調停委員に除斥事由、忌避事由が認められることはないが、事実上回避するのがよい場合もある。

2　婚姻費用の分担請求権・分担義務

（婚姻費用分担請求権の発生・消滅）

Q14　婚姻費用の分担義務はいつからあるか。

婚姻費用の分担義務は、抽象的には、婚姻の成立によって発生し、その解消によって、消滅する。ただし、具体的な請求権は、夫婦間の合意又はこれに代わる裁判によって形成される（最決昭40・6・30民集19・1114）。

（長期別居時の婚姻費用分担義務）

Q15　別居後15年以上経過し、婚姻関係は完全に破綻しているが、婚姻費用の分担義務はあるか。

婚姻が解消されていない限り、原則として分担義務はある。学説では、破綻の程度によって分担義務は減少するとする説が有力であるが、実務は、学説と同趣旨のものは少なく、婚姻関係が破綻していても、生活保持義務としての分担義務（通常の計算により算出される額の分担義務）を認める（松本22頁）。ただし、破綻ないし別居に責任がある者の請求は、信義則により、責任の程度に応じて減額され、又は認められないこともある（松本29頁）。

（分担申立ての終期）

Q16　婚姻費用の分担の申立ては、いつまでできるか。

　　婚姻が解消するまで可能であり、婚姻期間中に申し立てた分担請求事件は、その後、離婚したとしても、不適法とはならない（最決令2・1・23裁時1740・1）。婚姻中に請求していなかった場合でも、婚姻期間中に過当に負担した婚姻費用は、離婚に伴う財産分与において清算を求めることができるので、これとの均衡上、離婚後2年間（民768②）は請求できるとの見解はあり得るが、裁判例は、その清算は、財産分与によってすべきとする（神戸家審昭37・11・5家月15・6・69）。

（内縁夫婦の婚姻費用）

Q17　内縁のままであるが、婚姻費用を請求できるか。

　　内縁にも、民法760条が準用されるので、同居・協力・扶助の義務があり、婚姻費用の分担義務も認められる（最判昭33・4・11民集12・5・789（別居後の医療費を認めた事例））。ただし、内縁は事実状態を保護するものであるから、別居により、内縁が解消したと判断されることはあり得る。

（分担の始期）

Q18　婚姻費用は、いつから認められるか。

　　原則的には、請求時以降について認められる。請求は、口頭によるのものでもよいが、その証明が困難であるから、通常は、請求が明白な、書面による請求や調停の申立時となる（東京高決平30・4・20判タ1457・85）。

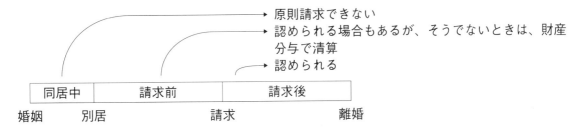

Q19　協議離婚について合意し、協議離婚届を作成したが、権利者は、その届出を託されたのに提出しなかった。義務者からの請求もなかったので、そのまま10年を経過した後、権利者が婚姻費用の分担を求めた。分担義務はあるか。

　　協議離婚の合意が成立しており、たまたま届出がされていないというだけであるのに、これを奇貨として請求するのは、権利の濫用となろう。

（過去の婚姻費用）

Q20　過去に遡って婚姻費用を請求できるか。

　　原則は、請求時からであるが、次のような場合には遡って請求できる（松本14頁）。ただ、遡及するかどうかは、裁判官の裁量に属するので、これ以外の場合でも、遡及に合理性があれば、

遡って認められる場合はある。

①　義務者が故意に婚姻費用分担請求を妨げた場合

②　遡及しても義務者に過酷でなく、遡及しないと公平を害する場合など

Q21　請求時以前に遡って婚姻費用を支払うという合意は可能か。

合意は可能である。

Q22　義務者が所在不明で婚姻費用を請求できなかったときでも、請求時からしか請求できないか。

義務者が、婚姻費用の支払を免れる目的で所在を明らかにしなかった場合には、遡及することは可能であろうが、そうでない場合は、遡及することが義務者にとって過酷とならないか、遡及しないと公平を害するかなどを考慮して判断することになる。

Q23　義務者は、婚姻費用の支払を合意したが、しばらくして、権利者が就職したようであったので、支払を停止した。権利者からは何の異議もなかったので、そのまま不払を続けていたところ、5年経って、5年分の支払を求められたことから、5年分の婚姻費用について、支払義務のないことの確認又は支払額をゼロと変更する旨を主張する。義務者に支払義務はあるか。

支払停止に異議を述べなかったというだけでは、免除の意思表示がされたというのは無理であり、合意の効力として、5年の未払期間分の婚姻費用の支払義務はある。しかし、未払額が多額となって義務者に酷となる場合もあるところ、権利者が未払期間に何の異議も述べなかったことからすると、扶養の必要性が減少していたという場合もあるし、婚姻費用の定期義務という側面を考慮すると、未払額を減額すること（不払の時期に遡って減額すること）は可能であるといえる。離婚に伴う財産分与において過去の婚姻費用の清算を行う場合に、計算上の額から一定程度減額するのと同様である。ただし、変更請求時より遡って減額することとなるから、遡及を相当とする事由が必要であろう（松本221頁）。

（郵便受領拒否）

Q24　義務者宛に内容証明郵便によって婚姻費用を請求したが、義務者が郵便を受領しなかったので、その到達が遅れた。この場合でも、請求できるのは到達時からか。

この場合も、Q20の基準によるが、義務者の行為は不誠実であり、遡及してもその額が過酷となるほど増額するとはいえないので、請求書面が通常到達したであろう時期からの支払が認められるべきであろう。

（請求阻害事由）

Q25　DVがあって、恐怖心などから婚姻費用を請求できなかった場合でも、請求できるのは請求時からか。

原則的には、請求時からとなるが、DVの程度や権利者の恐怖心の程度を勘案し、請求時から

では権利者に酷であるか、遡及することが義務者に酷とならないか等を検討し、遡って認められる場合もある。

（請求時以前の婚姻費用の清算）

Q26　婚姻費用の請求時以前の未払いの婚姻費用の清算を後に求めることができるか。

　　財産分与において、過当に負担した（支払われるべき婚姻費用の分担がされていない場合は、不足分を権利者が負担しているので、過当に負担していることとなる）婚姻費用の清算を求めることができる（最判昭53・11・14家月31・3・83）。請求時以降についての婚姻費用の支払はされている場合、請求時までの期間の未払いの婚姻費用も清算の対象となる（松本哲泓『離婚に伴う財産分与―裁判官の視点にみる分与の実務―』160頁（新日本法規出版、2019））。

（同居中の生活費）

Q27　同居中に生活費をもらっていなかったが、その間の生活費を請求できるか。

　　同居中の婚姻費用の清算は、原則としてできないが（前掲松本『離婚に伴う財産分与』158頁）、これを認めた裁判例もある（東京地判平14・10・11（平13（タ）209・平13（タ）868））。

（低額の分担額清算）

Q28　婚姻費用の支払を受けてきたが、その額が低額である場合に、後に、清算を求めることができるか。

　　婚姻費用の支払が審判等の裁判又は調停に基づく場合は、義務者の支払義務はその裁判又は調停合意の範囲内であるから、原則としては、これを超える額の請求はできない。その額が低額である場合は、その変更を得て、請求することになる。

　　婚姻費用の支払が、裁判又は調停に基づかないものである場合は、過当に負担した部分は、財産分与において清算を求めることができる。

（不相当な分担額の清算）

Q29　婚姻費用の支払を受けてきたが、その額は、相手方が収入を秘匿していたため、低く算定されていた場合、その清算を求めることができるか。

　　定められた分担額が適正なものでなかったのであるから、増額請求が可能であり、その時期は、従前の合意等の期間の始期に遡ることができよう。

（清算額の算出）

Q30　婚姻費用を遡って請求できる場合、認められる額はどのように算出されるか。

　　遡及する期間の義務者の収入を前提に標準算定方式・算定表で算出した額の合計を基準にするが、分担義務の定期義務的側面及び義務者の一時に支払うことの負担を考慮して一定程度減額することが多い（松本14頁）。

（婚姻費用の範囲）

Q31　夫の母の面倒を見ているが、その費用を、婚姻費用として請求できるか。

　　　婚姻費用としては認められないが、夫の母については、夫に扶養義務があるので、その依頼により、その扶養料を立て替えているといえ、婚姻費用に併せて、立替費用を請求することは可能であろう。

（相手方の連れ子の生活費）

Q32　相手方は再婚であり、相手方の連れ子と同居したが、養子縁組には至っていない。その後、相手方が、子を置いて出て行った場合、婚姻費用に相手方の連れ子の生活費を含めて請求できるか。

　　　権利者には、相手方の連れ子を扶養する義務はないから、厳密には、権利者の相手方に対する婚姻費用には含まれないが、相手方は、その子を扶養する義務があるので、依頼により相手方がすべき扶養を代わりに行っている（費用を立て替えている）関係にあるから、その費用を請求できないとするのは公平に反する。別途清算という考えも成り立つが、婚姻費用と併せて請求できるともいえよう。

（有責配偶者の請求権）

Q33　有責配偶者も婚姻費用の分担請求ができるか。

　　　婚姻関係の破綻に専ら又は主として責任のある有責配偶者からの婚姻費用の分担請求は、信義則違反であり、責任の程度により、その分担請求は全く認められず、あるいは減額される（松本29〜37頁）。

Q34　婚姻関係の破綻について専ら責任のある有責配偶者からの婚姻費用の分担請求は、全く認められないか。

　　　有責配偶者自身の生活費部分については、請求は認められないが、その監護する子の生活費（子の監護費用部分）部分については、子には責任がないとの理由で請求を認めるのが実務の大勢である。なお、有責配偶者自身の分についても、最低生活を維持する程度のものについては分担義務を認める説もある（松本34頁【裁判例18】）。

（無断別居）

Q35　妻が勝手に家出をした場合に婚姻費用の分担義務があるか。

　　　勝手に出て行ったとしても、これをもって有責といえるかどうかは、別居の理由による。無断で別居したとしても、有責性が推認されるわけではない（松本33頁）。有責であることが立証できない限り、分担義務は肯定される。

Q36　妻が出産のために実家に帰ったまま帰宅しない。婚姻費用の分担義務があるか。

　　　出産のための帰省後、帰宅しないという外形的事実だけでは、有責性は判断できない（松本33頁）。Q35と同じである。

3　養育費の分担請求権・分担義務

（養育費分担請求権の発生・消滅）
Q37　養育費の分担義務はいつから生じるか。

　　　養育費の請求権は、抽象的には、子との間に親子関係が成立した時に生じ、子が未成熟子でなくなった時に消滅する。ただし、具体的な請求権は、両親の合意又はこれに代わる裁判によって形成される。

Q38　養子縁組した子の養育費の分担義務はいつから生じるか。

　　　養子縁組の時からである。

Q39　認知した子の養育費の分担義務はいつから生じるか。

　　　婚外の子については、認知までは、分担義務はなく、認知したときは、出生の時に遡る。

Q40　事実上の養子について養育費分担義務はあるか。

　　　ない。内縁と異なり、事実上の養子については、監護費用としての養育費分担義務はない。

（同居しない子の養育費）
Q41　子が、監護親と同居していない場合、監護親は養育費の分担を求めることができるか。

　　　監護親が、現に子の監護に要する費用を負担している場合には、同居しているか否かにかかわらず、その費用、すなわち養育費の分担を求めることができる。監護親が病気で入院中、その父母等に監護を依頼し、費用を負担している場合などは、これに当たる。

Q42　監護親が子の監護を実質的にその両親に委ねていて、監護費用を負担していない場合、非監護親は、養育費の減額を求めることができるか。

　　　原則的にはできない。監護親の両親による子の監護は、実家からの援助の一態様であり、金銭的な援助を受けた場合と同様に（松本105頁）、これを理由に養育費を減額する理由とはならない。

Q43　子は、中学生であるが、監護親と非監護親の間を行き来している場合、監護親からの養育費分担額はどのように定めるか。

　　　子が、監護親の元を離れて生活する期間が相当程度あり、それゆえ監護親の子の監護に要す

る費用が減少しているのであれば、養育費支払の必要性（扶養の必要性）がその分減少しており、非監護親の元で生活しているという事情があれば、公平という点からも、これを考慮する必要がある。分担額は、必要性の減少の割合によるということができるが、その割合は、生活費部分のみに関しては、子を現実に監護した日数の比によることになる。教育費部分は、監護親が支出をしたのであれば、この部分を減額することはできない。

（血縁のない子の養育費）
Q44　戸籍上子となっているが、実は親子関係がない場合、養育費分担義務はあるか。

　　親子関係の有無は、戸籍によって判断されるので、戸籍上親子関係があれば、養育費分担義務はある。真実、自然的血縁上の親子関係がなくても、出訴期間等の関係で親子関係を否認する方法がない場合、法が、親子関係を確定するために、否認の手段を制限している趣旨からすると、血縁関係の不存在を理由に、養育費の支払を拒否することはできない。ただし、その請求が権利濫用となることはある（Q45）。

Q45　法律上親子関係があるのに、養育費の請求が権利濫用となるのは、どのような場合か。

　　妻が婚姻中に夫以外の男性との間にもうけた子につき、①出産後程なく当該子と夫との間に自然的血縁関係がないことを知ったのに、そのことを夫に告げなかったため、夫は、当該子との親子関係を否定する法的手段を失ったこと、②夫は、婚姻中、相当に高額な生活費を妻に交付するなどして、当該子の養育・監護のための費用を十分に分担してきたこと、③離婚後の当該子の監護費用を専ら妻において分担することができないような事情はうかがわれないこと、といった事情がある場合は、妻から養育費の分担を求めることは、権利の濫用に当たる（松本41頁【裁判例24】）。

（養育費分担の始期）
Q46　養育費はいつから認められるか。

　　婚姻費用と同様に、原則は請求時からである（松本18頁）。

（過去の養育費）
Q47　過去に遡って養育費を請求できるのはどのような場合か。

　　婚姻費用と同様に、義務者が請求を妨げた場合、遡っても義務者に過酷とならない場合などは、信義則から、遡って認められる（Q20）。

Q48　認知した子の養育費はいつまで遡るか。

　　幼児の場合、子の出生まで遡るとの裁判例がある（大阪高決平16・5・19家月57・8・86）が、認知請求が出生後相当期間経過後にされた場合には、異なる判断もあり得る（松本18頁）。

（過去の養育費の清算額算出）

Q49　過去に遡る場合の養育費の額は、どのように算出するか。

　　分担すべき時点の収入を前提に算出した額から、養育費が定期債務である点等を考慮して、ある程度減額するのが通常である。

（養育費の終期）

Q50　養育費の分担義務はいつまであるか。

　　終期は、子が、未成熟子でなくなった時である。成年年齢とは一致するものではないが、実務は、養育費の分担期間として、原則的に、満20歳までとしている（松本20頁）。

（成年年齢の変更）

Q51　成年年齢が満18歳となったことは、養育費の分担終期に影響するか。

　　平成30年の民法の改正によって、子の成年年齢が20歳から18歳に引き下げられ、令和4年4月1日から施行される（民4・平30法59改正附則1）。しかし、子が未成熟子かどうかは、成年年齢とは関係がないこと、最近の社会の統計では、大学進学、専門学校進学、高校過年度卒業を含めると、その率は80％を超えるということから、民法改正後も、通常の場合は終期を満20歳とするという扱いを変更しないというのが、裁判所の姿勢である（松本12・19頁）。

（成年後の養育費請求）

Q52　子が成年となった後に子の生活に要する費用を請求する場合でも、子が未成熟子といえる場合には、親が、養育費として請求するか。

　　成年後に請求する場合は、子に手続能力があれば、子自身が当事者となって、扶養料の請求をするのが筋である。ただし、未成熟子といえる限りは、養育費としての請求も不適法とはいえない。

（未成熟子でなくなるとき）

Q53　子が中学校卒業後、就職した場合、養育費の分担義務はあるか。

　　その収入が、自立を可能とする程度のものであれば、未成熟子ではなくなったといえる。

（無職の子の養育費）

Q54　子が高校を卒業したが、就職していない場合、養育費の分担義務があるか。

　　自立しているといえなければ、未成熟子であるが、就職しない理由に合理的な理由がない場合で、自立が期待できる場合は、未成熟子でないとの判断も可能であろう。

Q55　子が高校卒業後就職して自立したが、6か月後に退職して、進学を目指した。未成熟子に戻るか。

　　当初から進学した場合と比較すると、進学を目指したことが不合理でなければ、未成熟子と扱うこととなろう。

Q56　子が大学を卒業したが、就職先がなく、無職である場合、なお、未成熟子といえるか。

　　就職をできない理由にもよるが、大学を卒業すれば自立すべきであり、通常は、未成熟子ということはできない。通常の扶養義務の問題となろう。

（浪人生の養育費）
Q57　子が2浪の末、大学に入ったが、この場合の分担の終期はいつか。

　　最近の進学率等の社会の実態から、大学卒業までを未成熟子とする例が多い。子が、いわゆる浪人をして進学した場合、特段のことがない限り、卒業までを未成熟子とすることになる。

（医学生の養育費終期）
Q58　子が医学部に入った場合の養育費の分担終期はいつか。

　　卒業時である。

（子の留年と養育費終期）
Q59　子が留年した場合、分担の終期は延びるか。

　　未成熟子という点では、未だ未成熟子でないとはいえない（Q190）。この場合でも、終期は、通常、卒業時となる。

（障害のある子の養育費終期）
Q60　子に障害があり、経済的に独立することが困難な場合の終期はいつか。

　　稼働能力がない場合には25歳くらいまで未成熟子と認めた例もある。しかし、成年年齢をある程度超えれば、扶養の問題とした方がよい。

（未成熟子の婚姻）
Q61　子が大学生なのに結婚した。それでも養育費の分担義務はあるか。

　　子が大学生で学業を続けている限りは、未成熟子でなくなったとはいえない。しかし、婚姻により、配偶者による扶養義務が生じるし、扶養の問題とするとの意見もあろう。

（養子縁組による分担義務の消滅）
Q62　子が他の養子となった場合に養育費の分担義務は消滅するか。

　　　養親が子に対する扶養義務を十分に履行できる場合は、原則として、実親の扶養義務は消滅する。ただし、養親の扶養能力が生活保護基準を下回るような場合に実親に補充義務が生じる場合があるので、養親の収入を確認する必要がある。なお、養親の扶養義務の程度に関わりなく、少額の扶養義務を認める裁判例もある（松本181頁）。

（面会交流の拒否と養育費）
Q63　権利者が、子と義務者との面会交流を拒否している場合でも、養育費の分担義務はあるか。

　　　ある。養育費の支払は、面会交流の対価ではない。

（養育費と扶養料請求の関係）
Q64　既に養育費の合意や審判がある場合に、子が成年となって、扶養料の請求をした場合、その判断に、養育費の合意や審判があることは、影響するか。

　　　養育費の事件と扶養料の事件とは、当事者も異なる別の事件であるから、手続的には、互いに何の影響も及ぼさない。しかし、養育費も扶養料も子の生活費等を内容とするものであるから、できることなら、相手方に養育費の合意の変更の申立てをしてもらうなどして、これらを併合して処理し、矛盾や重複のない決着をするのがよい。そのような処理をできない場合は、既にある養育費の合意等の履行によって子の扶養の必要性が減少すると考えて、扶養料から、これと重複する養育費部分を控除したものを扶養料の額とする（松本17頁、中山直子「判批」別冊ジュリスト239号103頁（2018））。

4　婚姻費用・養育費の算定の方法

（算定の方法）
Q65　婚姻費用・養育費の算定の方法は、標準算定方式のほか、どのようなものがあるか。

　　　算定の方法は、大きくは、子や扶養家族の生活に必要な額を、原則的には義務者の収入とは関係なく、算出するという方式（客観実額型）と、義務者の収入を按分するという方式（収入按分型）があるが、後者が近時の通説である。そして、按分の基準について、労働科学研究所が算出した消費単位を利用する労研方式、厚生労働省が発表する生活保護基準を用いる生活保護基準方式、総務省等が発表する標準生計費を利用する標準生計費方式などがある。これらの方式はいずれも、算定の基礎となる基礎収入の認定を証拠により認定する方式（実額方式）をとる。他に、基礎収入の算定において住居関係費や保健関係費を控除しない日本弁護士連合会両性の平等に関する委員会提言の方式もある。

（標準算定方式の特徴）

Q66　標準算定方式の特徴は何か。

標準算定方式の最大の特徴は、分担の基礎となる収入（基礎収入）の算出を、理論的に算出される理論値や統計による平均的な額によることとし、これによる算定表を提案したことである。基礎収入の算定のための経費等を証拠によって認定すること（実額認定方式）を排したことにより、早期の判断を可能とし、かつ、予測可能性をもたらした。

（標準算定方式以外の算定）

Q67　標準算定方式以外の方式による算定は可能か。

標準算定方式以外の方法によることが許されないわけではない。

Q68　標準算定方式以外の方式による算定を求めることができるか。

家事審判において、婚姻費用や養育費をどのような方法で算定するかは、裁判官の裁量に属する事項であり、この点に当事者の申立権はない。

（基礎収入の算出）

Q69　基礎収入の算出の際に総収入から控除される公租公課は何か。

所得税、住民税、復興等特別税である（実証的研究18頁）。

Q70　税額が明らかな場合は、基礎収入の算出は実際に支払った額によるべきか。

実際に支払った税の額が明らかな場合でも、税法等により理論的に算出された標準的な額による（実証的研究18頁）。

Q71　控除される公租公課に含まれる社会保険料とは何か。

健康保険料、介護保険料、厚生年金保険料、雇用保険料である。これも理論的に算出された標準的な額による。

Q72　総収入から控除される職業費は何か。

標準算定方式提案当時の総務省統計局の家計調査年報第4表「年間収入階級別一世帯当たり年平均1か月間の収入と支出（勤労者世帯）」に相当する家計調査年報第2－6表「年間収入階級別1世帯当たり1か月間の収入と支出」（全国・二人以上の世帯のうち勤労者世帯）（平成25年から平成29年まで。以下「家計調査年報」という。）の「被服及び履物」、「交通」、「通信」、「書籍・他の印刷物」、「諸雑費」、「こづかい」及び「交際費」に基づいている（実証的研究23頁）。ただし、「被服及び履物」、「通信」、「書籍・他の印刷物」については、支出額を世帯人員で除して有業人員で乗じた金額である（実証的研究25頁）。

Q73　新幹線を利用して長距離通勤をしており、交通費を標準以上に要するので、これを考慮してほしいとの主張があるが、考慮できるか。

基礎収入の算定においては、考慮しない。算定表の枠内で考慮することはできる。

Q74　総収入から控除される特別経費とは何か。

住居関係費と保健関係費（保健医療費と保険掛金）である。従前は、公租公課、職業費以外に生活費に優先する費用を広く意味したが、その外延が明確でなく、紛争の種となって事件遅延の原因にもなったので、標準算定方式は、これを上記2種に限定した。しかし、例外的に婚姻費用や養育費の分担に優先すべき他の費用を特別経費とする場合もないではない（Q79）。

Q75　住居関係費の内容は何か。

住居関係費とは、家計調査年報（Q72）の「住居」の費目に「土地家屋に関する借金返済」の費目を加えたものである（実証的研究29頁注40）。「住居」の細目は「家賃地代」及び「設備修繕・維持」である。「土地家屋に関する借金返済」は、土地家屋購入の借入金の返済金であり、住宅金融公庫返済金、住宅ローン、土地・家屋購入の月賦払である（「家計調査のしくみと見方」（総務省統計局））。

Q76　特別経費中の保健関係費の内容は何か。

家計調査年報（Q72）の「保健医療」「保険掛金」の費目である。保健医療の細目は「医薬品」、「健康保持用摂取品」「保健医療用品・器具」「保健医療サービス」である。保険掛金は、貯蓄的要素のある保険掛金で、私的年金の掛金、生命保険などである（「家計調査のしくみと見方」（総務省統計局））。火災保険、地震保険も含む（松本57頁）。

Q77　別居後、全ての保険を解約してしまったので、保険掛金はかかっていない。これは、基礎収入の算定において考慮すべきか。

考慮しない。

Q78　債務も別居したからといってその支払がなくなるわけではないのに、特別経費としないのはなぜか。

債務の返済を特別経費とすると、債務の返済が子の扶養義務に優先することになるので、特別経費に含めない（実証的研究29頁）。

Q79　住居関係費・保健関係費のほかに特別経費とするものはあるか。

例外的に、事業用の機器でその減価償却費を収入に持ち戻した（加算）した場合に、その機

器購入のための借入金返済額を特別経費とする場合がある（Q110。その他Q127・Q119）。

（生活費指数）

Q80　生活費指数の算出において考慮される学校教育費とは何か。

　　　①授業料、②修学旅行・遠足・見学費、③学校納付金等、④図書・学用品・実収材料費等、⑤教科外活動費、⑥通学関係費、⑦その他であり、公立中学校の場合、①はない。学校納付金は、学級・児童会・生徒会費、PTA会費等である。私学の場合は、入学金、施設整備資金、寄付金等を含む。教科外活動費は、クラブ活動、学芸会・運動会・芸術鑑賞会、臨海・林間学校等のために家計が支出した経費であり、通学関係費には、通学のための交通費のほか、制服及びランドセル等の通学用品の購入費を含む（「子供の学習費調査」（文部科学省）の調査の結果）。

Q81　高校生の対外試合等で必要な遠征費等のクラブ活動の費用は、どのように考慮されているか。

　　　クラブ活動の費用として、学校教育費に含まれる。学校教育費の額は、公立高等学校の場合、平成24年度では、3万7349円、平成30年度では、4万0427円である。

Q82　修学旅行の費用は考慮されているか。

　　　修学旅行の費用は、学校教育費として考慮されている。

Q83　大食漢なので、一般人より食費が多くかかるとの主張があるが、生活費指数で考慮できるか。

　　　できない。

Q84　特異体質で住環境の維持、食事等に費用がかかるとの主張があるが、生活費指数で考慮できるか。

　　　原則としてできない。ただし、その額が多額であれば、医療費として考慮できる場合はある（Q215）。

（15歳以上の生活費指数適用時点）

Q85　15歳以上の子の生活費指数に高等学校の教育費が考慮されるということは、実際に高等学校に入学した4月から15歳以上の生活費指数が適用されることになるか。

　　　満15歳となる日の属する月、又はその翌月から15歳以上の子の生活費指数を適用する。しかし、裁量で変えることは可能である。

（20歳以上の子の生活費指数）

Q86　標準算定方式は、15〜19歳の子の生活費指数を、同年齢の基準生活費に国公立高等学校教育費を加算して算出しているので、その指数は、20歳以上の子については適用できないのではないか。

　　　15〜19歳の子の生活費指数を適用する。20歳以上の子が未成熟子とされる年齢は、概ね大学卒業の22歳までといえるところ、基準生活費は、19歳までと20歳以上とで若干の差はあるが、実際に要する費用は、19歳程度と20〜22歳とでそれほど異ならないと考えられるし、20歳以上でも未成熟子といえる場合には、進学などにより、国公立高等学校の教育費以上の費用がかかっているので、生活費指数は、15〜19歳の子と同じ85を用いる。なお、子の進学等に伴い、教育費が考慮されている額を超えることとなる場合は、分担額が加算される場合があることについて、Q184参照。

（引きこもりの子の生活費指数）

Q87　子が15歳であるが、中学校を卒業後、高校へも行かず、引きこもっている場合、生活費指数は14歳までと同じとすべきか。

　　　15歳以上の指数を用いる。

Q88　子が虚弱体質で栄養価の高い食事を与える必要があり、食事代が嵩む場合、子の生活費指数を多くできないか。

　　　原則的には生活費指数は変更しない。具体的な額を算出する段階で考慮することとなる。ただし、食事が医療として必要な場合、その費用は、医療費としての加算が可能な場合はある（Q215）。

（再婚相手の生活費指数）

Q89　義務者と再婚した者の生活費指数が100でないのはなぜか。

　　　生活費指数は、生活保護基準によって算出するところ、基準生活額は、世帯ごとに、各世帯構成員の年齢に応じた第1類の額と世帯人数に応じた第2類の額の合計として算出される。そして、義務者の生活費指数100には、世帯に配分される第2類の額を含むので、再婚相手の生活費指数を100とすると、世帯に配分される額を二重に考慮することになるので、子と同様に親一人の生活費として考慮することになる。

Q90　義務者と再婚した者の生活費指数はいくつか。

　　　計算結果では59となる（松本174頁）が、算定表の利用と歩調を合わせると62とすることも不合理とはいえない。計算方法の採用自体が裁判官の裁量の範囲であり、59としても62としても、

その差はごく小さい。そうであれば、簡易の算定という点を優先するという選択もあるからである。調停実務は、62とするのが主流である。

（外国居住者の生活費指数）
Q91 当事者が外国に居住する場合、その生活費指数は修正するか。

当事者又は子の一部が、物価水準の異なる外国で居住する場合、その物価水準の差が大きいときは、その水準に合わせて、生活費指数を修正する（大阪高決平18・7・31家月59・6・44）。

（算定表）
Q92 算定表を使うべきか、計算によるべきか。

審判では、裁判官の裁量に属することである。算定表による場合、通常の個別事情はその枠の中で考慮されているので、特別事情のみを考慮する。計算による場合は、個別事情及び特別事情を、その計算の過程で、又は、計算後に、これを反映させて修正する。

5 総収入の認定

（給与所得者）
Q93 給与所得者の総収入は何によって認定するか。

直近の源泉徴収票の「支払金額」欄によるのが通常である。課税証明書の「給与の収入金額」によることもできる。他に、給与証明書による場合もあるが、この場合、少なくとも3か月分の平均による必要がある。また、給与証明書による場合は、賞与・一時金を加算する必要がある。

Q94 源泉徴収票の「支払金額」欄に記載のない交通費などがある場合、その額を加算するか。

通勤に要する費用は、職業費として総収入から控除するから、総収入は通勤手当を含めた額とするのが論理的であるが、結論に及ぼす影響が小さいことなどから、実務では、一般には考慮していない。ただし、当事者双方に収入がある場合で、認定の資料が異なる場合には、公平の観点から同じ扱いにする必要がある。通勤手当を加算する場合、その額が不明であれば、標準的な割合である1.3%を乗じる（松本72頁）。

Q95 給与所得者に給与以外の収入がある場合、これを総収入に加算するか。

生活保持義務は、非常に高額の収入がある場合に別の考慮を要する場合は別として、夫婦及びその間の子に同等の生活が維持されることを求める。生活保持義務については、少しのパンでも分け合って食べると説明されるが、そのパンは、一人が無償でもらったものでも例外ではない。給与以外の収入があるからといって、その取得者だけが費消してよいというものではない。その収入の使途について、生活の資としないことに合理的な理由がない限り、給与以外の収入も総収入に加える。ただし、その収入が、一時的なものである場合は、その後の生活費の原資とならないから、その算定のための収入には加えない。

Q96　義務者が、頼まれて臨時にアルバイトをした。その収入は総収入に加算するか。

　　　臨時のアルバイト収入は、収入があった年の収入には加算するが、翌年度以降は、これがあるとはいえないので、収入には加えない。

Q97　義務者には、給与所得のほかに、相続した不動産からの賃料収入がある。これは総収入に加えられるか。

　　　原則的には、総収入には全ての収入を加えるので、特有財産からの果実も加える。ただし、従来から生活費に組み入れていない場合は、加えないという例もある（東京高決昭57・7・26家月35・11・80）。

Q98　義務者は家賃の低廉な社宅に住んでおり、通常より住居関係費が少ない。これを収入認定において考慮できないか。

　　　義務者が家賃の低廉な社宅に住んでおり、通常よりその住居関係費が少ない場合は、家賃の補助がある場合と同様に考え、補助に相当する額を総収入に加算することもある（松本74頁）。

Q99　義務者がその実家に住んで住居関係費を負担していない場合、これを考慮して、総収入の額を修正できるか。

　　　住居関係費がかかっていない場合、職業費がかかっていない場合のような修正方式をとったり（Q132）、住居関係費相当額を加算した額を総収入とすることが考えられるが（Q98）、実家での居住は、一時的な場合が多く、実家からの援助（Q121）という意味もあり、考慮しないのが通常である。

Q100　給与所得者が副業をしており、その事業所得が赤字の場合、赤字部分は給与所得から控除するか。

　　　原則として控除しない。債務と同様に考える。

Q101　給与所得と事業所得双方がある場合、給与所得のための職業費に当たるもののほぼ全てを事業所得の必要経費としている場合、職業費を割り戻す必要はないか。

　　　給与所得のための職業費の全てを事業所得の必要経費としている場合、職業費はかかっていないこととなるから、その給与所得は、職業費がかかっていない収入（Q132）と考えることはできる。職業費の全てを事業所得の必要経費としていることは、通常ないであろうが、相当程度を必要経費としていることはあるので、この点は、考慮の必要はある。方法は、給与所得に職業費分を加算する方法と、事業所得の必要経費を事業所得に割り戻す方法がある。必要経費とした額の程度によっては、最終的な総合考慮の中で調整することもあろう。

（会社取締役等）

Q102　会社取締役は給与所得者か。

　　　会社取締役は、厳密には、給与所得者ではないが、その報酬については、源泉徴収されているので、給与所得者と扱い、源泉徴収票記載の収入額を総収入とする。

Q103　義務者は、会社取締役であり、毎日、会社には会社の車で送迎されており、通勤費がかかっていないので、この分を収入に加算できないか。

　　　源泉徴収票により収入を認定する場合、通勤手当がある場合も、これを考慮していないので、会社の車で送迎されていても、必ずしも考慮する必要はない。

Q104　義務者は、会社取締役であり、社屋の一部に住み、住居関係費及び光熱費は全て会社が負担している。住居関係費、光熱費分を収入に加算できないか。

　　　報酬の現物給付と見て、標準的な住居関係費、平均的な光熱費を収入に加算することはあり得る。

（退職者の収入）

Q105　義務者が最近退職したというような場合、失業中の収入は、どのように認定するか。

　　　現に収入がなければ、収入ゼロとなるが、失業手当があれば、それは収入となる。退職金がある場合、それは、再就職までの生活費に充てるべきものであるから、収入と扱う（松本94頁）。

Q106　義務者が退職した場合の婚姻費用・養育費の算定のための収入は、どのように認定するか。

　　　退職しても、通常は、やがて再就職をすることが予想される。失業中は、収入が限定されるが、将来の分担期間中には、再就職するものとして算定することとなる。そこで、再就職の可能性を考慮して、概ね、次のように考える。

①　比較的近いうちに同程度の収入の職に就くことができる場合

　　技術や資格を有する者が該当する。

　　失職から一定期間は、やや減じるが、その後、現在と同程度の収入があるとして算定する。

②　比較的近いうちに再就職が可能な場合

　　健康で比較的若い者が該当する。

　　失職から一定期間は、やや減じるが、その後、賃金センサスの平均収入を考慮して算定する。

③　再就職の見通しはないが、不可能でない場合

　　失職から一定期間は失業手当の額や退職金の額を考慮した額とし、その後は、事案により、アルバイト収入から賃金センサスの額までの間で検討する（会社取締役で相当の収入を得ていた義務者（49歳）が飲酒運転事故を起こして退職し、その後はアルバイト程度の収入しか

ない事案で、義務者は、「執行猶予中であり、運転免許も取り消されていることを考えると、就労して収入を得ることが通常よりも難しいことは否定できないが、他方で、健康面や能力面に問題があるわけでないことを考えれば、賃金センサスの平均年収・・・の5割程度の収入は得られる」とした裁判例がある（徳島家阿南支審令2・12・4（令2（家）335・令2（家）336・令2（家）337））。

④　全く再就職の見通しがない場合

失職から一定期間は失業手当の額や退職金の額を考慮した額とし、その後は、アルバイト収入とする。

（自営業者）

Q107　自営業者の総収入は何によって認定するか。

確定申告書による。

確定申告書の課税される所得金額㉚の額によるが、この額を導く際に控除された「所得から差し引かれる金額」の欄に記載の金額のうち、社会保険料控除⑬以外の金額は加算する。

また、「専従者給与（控除）額の合計額(55)」は、実際に専従者に支払われていない場合は加算するし、青色申告特別控除額(56)も加算する。その結果、「所得金額等」欄の合計⑫の金額から、社会保険料⑬を控除し、支払われていない専従者給与（控除）額の合計額(55)、青色申告特別控除額(56)を加えた額となる。

○現実に支出されていない費用
△特別経費で考慮される費用
□分担に優先しない費用

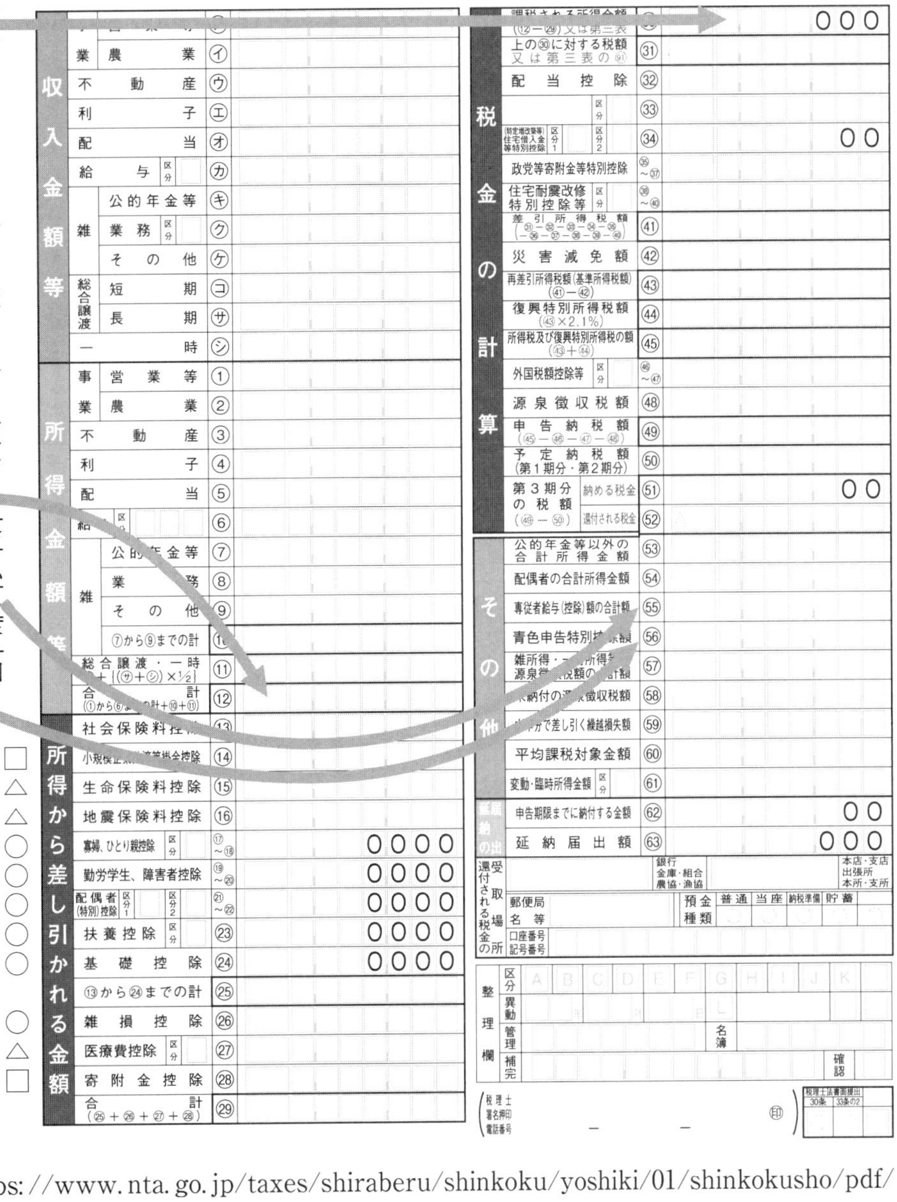

（国税庁「申告書B」（https://www.nta.go.jp/taxes/shiraberu/shinkoku/yoshiki/01/shinkokusho/pdf/r02/02.pdf（2021.8.20））を加工して作成）

Q108　確定申告で所得金額から控除される小規模企業共済掛金を総収入に加えるか。

　　小規模企業共済掛金は、小規模企業者の事業の廃止等の場合に、小規模企業の経営者たる個人事業主又は会社役員に、いわゆる退職金的な一時金を支給することを可能とする制度の掛金である。これは婚姻費用・養育費に優先するものではないとされている（松本77頁、実証的研究32頁）。そこで、その額は、収入に加算する。

Q109　専従者給与の額が権利者に支払われていたが、これは生活費がこのような方法で支払われていたにすぎない場合、どのように扱うか。

　　現実に権利者に支払われていたのであれば、権利者の収入と扱う。

Q110　減価償却費は、収入に加算するか。

　　減価償却費は現実に支出されるものではないから、婚姻費用等の算定上は必要経費と認められないので、その額を、総収入に加算する。しかし、これに関して借入金がある場合、その借入金の返済は必要経費とされないので、減価償却費か借入金返済額のいずれかを必要経費と認めないと、酷となる。そこで、減価償却費が適正な額であれば、その額を必要経費とし（総収入に加算しない。）、その額が適正でないときは、その額を総収入に加算した上で、借入金返済額（ただし、元本部分。利息部分は必要経費とされているから。）を特別経費として、総収入から控除する（松本77頁）。

Q111　必要経費が適正かどうかは、何によって検討するか。

　　所得税青色申告決算書等によって検討する。

Q112　収入が減少傾向にある場合、直近の低い収入を採るべきか。

　　事業所得で、収入に変動がある場合は、3年程度の平均による。減少の傾向があるとしても、業績は回復する可能性もあるので、この場合でも、原則として、平均値による。

Q113　新型コロナウイルス感染症の拡大により、収入が大きく減少した。減少した収入を前提に算定すべきか。

　　事業の形態によって柔軟な方法を採るべきである。過去の年度は、その年度の収入で算出する。その収入には、公的機関からの補助金等を考慮する。将来分は、収入回復の見込みにより、加算する。考え方としては、徐々に回復すると想定できる場合は、3、4年後の時点における収入の増加額の2分の1を現時点の収入に加算した額を、その期間を通じての収入として算出し、数年後の協議条項を加える。調停では、収入減少が著しい場合、家族の生活を可能とするという視点から、現状における収入に数割程度を加算した額を収入として算出することも多い。

Q114　持続化給付金等の公的な給付金は収入に加えるか。

　　持続化給付金は、令和2年、新型コロナウイルスの感染症の拡大に伴い、これにより大きな影響を受けている会社や個人事業者に対して、事業の「持続・継続」を支援するために設けられた給付金である。事業そのものを支援するものであるから、自営業者については、これを収入ということができる。そのほか、営業の休業要請等に関して支給される給付金についても同様である。

Q115　義務者はデイトレーダーであり、株取引を頻繁に行い、自分の生活費を超える利益は、株取引の資金としてきた。その収入はどのように算出するか。

　　他の自営業者と同様に課税所得を総収入とし（Q107）、数年分を平均する（Q112）が、デイトレーダーの場合、その収入は安定せず、元本割れが生じる可能性も相当程度あり、これに備えて利益の相当部分を元本に組み入れて再投資を行うことも行われることから、このような再投資をしている場合、①同居中の生活費の平均的な額が全体の利益等から見て不相当な額でなければ、基礎収入を、その額とすることも可能であろう。②デイトレーダーに転職する前の収入を参考にするとの見解もある（古谷健二郎「婚姻費用の分担とその算定方式」佃浩一＝上原裕之編『家事事件重要判決50選』85頁（立花書房、2012））。

Q116　キャピタルゲインはどのように扱うか。

　　株式所有者の株式の評価の変動に伴う含み益、含み損は、婚姻費用・養育費の算定のための収入に影響を及ぼすものではない。株式等を売却して利益を得た場合に、売却代金の全額を他の株式等の購入に費やした場合、株式等はもともと生活の資とされておらず、手元に現金が残るものではないので、通常は、その代金や売買利益を婚姻費用等算定のための収入に加えることはない。売却代金が手元に残っている場合、生活の資とする目的で売却したのであれば、当然、算定において考慮することになるが、他の目的に費消する予定で売却したのであれば、もともと生活の資でない資産の売却であるから、これを収入に加えることはない。

Q117　確定申告書に記載されていない収入がある疑いがある場合どうするか。

　　確定申告書に記載のない収入は、非課税で申告の必要がない収入と、本来記載すべきだが記載していない収入とがある。その収入の性質によっては、収入に加えないものもあるが、その有無は、これがあると主張する者が主張立証すべきである。

（年金収入）

Q118　義務者は年金受給資格者であるが、繰下げ受給を選択して、70歳まで年金を受給しないこととしている。この場合、受給までの間は、年金収入はないものと扱うべきか。

　　同居する夫婦の間では、年金収入はその共同生活の糧とするのが通常であることからすると、

これを義務者の独自の判断で受給しないこととした場合、他に、家族の生活を賄うに足りる収入があるなどの合理的な理由がない場合には、その収入がないものとして婚姻費用等を算定するのは相当でない場合がある（繰下げ受給申出後退職して無収入となった事例について、東京高決令元・12・19家判30・78。受給可能な年金額を給与収入に換算した額（Q132）を算定の基礎となる収入とした。）。

Q119　障害年金は収入に加えるか。

　加える。ただし、障害の治療費、障害者の自立のための費用の捻出に遺漏がないように配慮すべきであり、必要な治療費、自立費用を特別経費とするとか、その標準的な医療費を超える部分をその年金の対象者の生活費に加算する（松本81頁）。

Q120　年金収入に退職金を取り崩して生活してきた場合、総収入はどのよう認定するか。

　月々取り崩した退職金の平均額と年金の合計を総収入とする。年金については、職業費がかかっていないので、その分を加算する（Q132）。取り崩した退職金についても、公租公課が課せられないものであり、職業費もかかっていないから、その分の加算が考えられる。

（その他の収入）

Q121　権利者が生活費が足りず、実家から援助を受けた。その額は、権利者の総収入に加えるか。

　実家からの援助は収入に加えない（松本105頁）。

Q122　義務者はその父親の家業に従事しているが、給料は低く、毎月、その実家から定額の援助を受けている。この実家からの援助を義務者の収入に加えることができるか。

　毎月の定額援助を実質的に給料と見る余地があり、その場合には、これを収入に加える。

Q123　権利者が婚姻前から有している株式の配当金は、総収入に加えるか。

　従来から生活費の原資としていないものは、総収入に加えなくてもよい。多額でないことが多いし、その財産を有する目的が生活の資を得ることを目的にしていないからである。ただし、生活費の原資が十分でない場合には、これを考慮すべき場合もある。

Q124　義務者の配当収入を収入に加えることができるか。

　株式が特有財産でなければ、原則として加える（加算した例、東京高決令元・12・19家判30・78）。特有財産であっても、その額が大きく、生活の資とすることが期待される場合は、加えることになる。義務者の収入が多いと、生活の資ではなく資産形成の資とされることもあるが、算定において貯蓄率を総収入から控除する場合は（Q227）、二重に減額しない考慮が必要である。

Q125　相続した骨董品を売却した代金は収入と扱うか。

　　　売却の目的による。生活の資とすること以外の目的で売却した場合は、分担額算定のための収入には加えない。生活の資とするために売却したのであれば、これをその分担において考慮する。ただし、一時的な収入であるから、原則として、今後の費用分担のための収入とはならない。その年度の分担において考慮することになる。

（宝くじ当選金）

Q126　義務者は、その小遣いで購入した宝くじが当選して、多額の収入を得た。その収入は、婚姻費用等の算定において考慮できるか。

　　　その収入は一時的なものであるから、これを将来の婚姻費用等算定のための収入に加えることはできないが、生活保持義務の視点からすると、その当選金を、義務者だけが独占して費消することは許されず、当選金の額、当事者双方の収入の程度などに応じ、当選金の一部は、家族の生活費に費やされるべきであり、その場合、婚姻費用等の算定において考慮する。

（損害賠償金）

Q127　義務者は、38歳の時、交通事故に遭い、治療の結果、1年後に症状が固定したが、後遺症のため、稼働能力はゼロである。損害賠償請求の結果、①治療費355万円、②付添看護費145万円、③入院雑費55万円、④入院期間中の休業損害266万円、⑤将来（39歳から平均余命82歳まで43年間）の介護料3715万円、⑥後遺障害による逸失利益3926万円（喪失率100％、39歳から67歳までの28年間、年収228万円としてホフマン式計算法により年5分の割合による中間利息を控除したもの）、⑦慰謝料2300万円の合計1億0762万円につき、3割の過失相殺がされ、7533万円から、自賠責保険から給付を受けた5097万円を控除した2436万円に弁護士費用243万円を加算した2679万円の支払を受けた。損害賠償金、損害保険からの給付金は、収入となるか。

　　　④休業損害は、その休業期間中の、⑥逸失利益は、その算定期間中の収入ということができる。ただし、いずれも過失相殺がされているので、7割が収入である。なお、逸失利益については、算定時の収入としては、その年収額228万円の7割とするが、中間利息控除後の額を均等割とした額とすべきとの見解もあり得よう。⑦慰謝料についても、一定程度を収入に加えるべきとの意見はあり得る。

　　　なお、義務者には、⑤将来の介護料の負担があり、その3割は、填補されていない。この費用は、確保されるべきといえるから、その1年分は、特別経費として、収入から控除するのが妥当であろう。

　　　他の費目は、収入としない。

Q128 傷病手当金は収入と扱うか。

　　健康保険等の被保険者が業務外の事由による療養のため労務に服することができなくなった場合に支給される手当金を、傷病手当金といい（健保99）、支給期間は、健康保険は、支給開始から1年6か月を経過する時点まで（1年6か月経過後に同じ疾病が生じた場合は不支給）であり、共済組合は、支給期間を通算して、1年6か月を経過した時点までとなっているが、これは収入の一部を補償するものであり、収入と扱うのが相当である。

Q129 出産手当金は収入と扱うか。

　　出産手当金は、被保険者が出産したとき、出産の日（出産の日が出産の予定日後であるときは、出産の予定日）以前42日（多胎妊娠の場合においては、98日）から出産の日後56日までの間において労務に服さなかった期間支給されるものである（健保102）。出産前後の期間中の生活費に充てるべきもので、その支給期間中は、傷病手当の支給はなく、支給額の算定方法も標準報酬月額を基準とするなどから、傷病手当金と同様に扱い、原則的に収入と扱うこととなろうが、収入がないことに加えて、出産という事実を要件とすることから、被保険者母子の生活に遺漏なきことが求められよう。

（収入の換算）
Q130 給与所得と事業所得双方がある場合、どのように換算するか。

　　主たる収入に換算するのがよい。給与所得への換算は、事業所得の総収入に社会保険料を加えれば、給与所得者の総収入から職業費を控除した場合と同じになるから（第1 1 (1)）、これを0.85で割る（松本79頁）。なお、社会保険料は、確定申告書に記載はあっても、給与所得から支出されたものは加えない。

　　事業所得への換算は、給与所得から職業費と社会保険料を控除する。職業費の控除は、15％を控除し、社会保険料は、源泉徴収票の記載額を控除する（松本79頁）。

Q131 給与所得と事業所得双方がある場合、確定申告書の「課税される所得金額」の額を、事業所得と扱うことはできないか。

　　課税される所得の内の給与所得の額は、収入金額（源泉徴収される前の金額）から給与所得控除額を控除した額である。給与所得控除額は、収入金額に応じて、所得税法に定められているが（例えば、660万円を超え850万円以下の場合、収入金額×10％＋110万円など）、その収入に対する割合は、標準算定方式が採用する職業費の平均的数値とは異なるので、質問のような方法は採るべきでなく、Q130の方法によるべきである。

Q132 年金収入など職業費がかかっていない収入を給与所得に換算するにはどうするか。

　　年金額を、「1－0.15」すなわち、0.85で除する（松本80頁）。

Q133　職業費がかかっていない収入を給与所得と換算する方法として、その収入額の15%（職業費の割合）を加える方法は採れないか。

　　そのような方法が採られることもあるが、便宜的な方法である。その方法では、基礎収入割合を、本来の基礎収入の割合に職業費の割合を加えた数値とする。これは、収入に基礎収入割合を乗じるとその収入の職業費の割合（約15%）の額を控除したことになるので、その15%を戻すのであるが、この方法では、公租公課及び特別経費を職業費控除後の額にその割合を乗じて算出することとなる。本来、公租公課及び特別経費は、職業費控除前の総収入にその割合を乗じる方法で控除するから、質問の方法は、Q132の換算方法よりも、基礎収入の額が多くなる。

Q134　夫婦の双方の収入が年金収入だけである場合に換算を要するか。

　　権利者義務者の双方が、職業費がかかっていない収入であるから、その収入から公租公課と特別経費の割合を控除すればいいように考えがちであるが、公租公課、特別経費の割合は、職業費を含めた収入を100とした場合の割合であるから、理論的には、職業費を含めた額に換算して、これに基礎収入割合を乗じるべきである。
　　算定表を利用する換算方法を採れば（松本80頁(エ)）、計算が不要である。

（子の収入）
Q135　養子縁組した子に実親からの送金がある場合にこれを収入に加えることができるか。

　　収入には加えない。実親からの送金によって養親が利益を受ける理由はない。

Q136　子が奨学金（給付、貸与）を受けている場合、これを算定に考慮できるか。

　　収入の認定では、加えない。ただし、基礎収入算出後の分担額を決める際に、これを考慮することはある（松本104頁）。なお、Q203を参照のこと。

Q137　子がアルバイトをしている場合に、その収入を算定に考慮できるか。

　　収入には加えない（松本104頁）。ただし、額が多額で、継続的に得られる場合は、扶養の必要性が減少するので、これを理由に分担額を減少することはできる。

Q138　大学生の子が事業を試み、相当の収入があった場合、これを考慮できるか。

　　収入には加えないが、その収入は、子の扶養の必要性を減少させるので、分担額を減少する理由になる。また、その額が自立を可能とする額で、今後も継続するのであれば、子は未成熟子でなくなったといえる場合もある。

（その他、収入と扱われないもの）
Q139　高等学校等就学支援金は収入に加えるか。

　　加えない（松本102頁）。

> **Q140　権利者が生活保護を受けている場合でも、その額を収入としないのはなぜか。**

　　公的扶助は、私的扶助が十分でない場合にされるというのが法の建前だからである（松本99頁）。

> **（資　産）**
> **Q141　義務者が、収入は低いが、多くの資産を持っているので、婚姻費用・養育費の分担において、これをその基礎となる財産に加えることはできないか。**

　　通常、生活費は、その収入から賄われ、その収入が生活費に不足する場合のほかは、資産、特に固有資産を取り崩して生活費に充てることはしない。そこで、原則的には、資産は、婚姻費用、養育費の原資とはならない（松本99頁、東京高決令元・12・19家判30・78）。

> **Q142　義務者が、収入は低いが、多くの資産をもっており、これを処分して生活している場合、その資産を有することを、婚姻費用・養育費の分担において、考慮できるか。**

　　資産は、原則的には考慮しないが（Q141）、従来から資産を処分して生活費としてきた場合には、生活費のために処分可能な資産がなお存在するのであれば、その資産があることを考慮して、婚姻費用・養育費を定めることはできる（松本99頁）。

　　資産が、預貯金や有価証券である場合は、これらは、いざというときの生活費の備えという面があるから、婚姻費用・養育費の原資が十分でない場合には、これを婚姻費用・養育費に充てることもできる。

　　また、その収入が家族の生活を賄うに足りない場合には、再生産のための資産を除き、その資産を処分して生活費に充てることが求められる。

> **（蓄えによる生活）**
> **Q143　義務者は、別居後退職して収入はないが、従前の蓄えと退職金を取り崩して生活している。権利者も収入がない。退職金を収入として、婚姻費用の算定ができるか。**

　　義務者は、自分だけが、その蓄えと退職金で生活できればよいというものではない。権利者に収入も蓄えもないのであれば、その資産から生活費を負担すべきといえる。義務者が負担すべき額は、義務者が費やしている生活費の額、権利者の生活を賄う程度の額、最低生活を賄う程度の額などが基準となる。どの基準によるかは、蓄えや退職金の額、これにより生活すべき期間等を考慮することとなろう。定年後毎月預金から一定額を取り崩して生活していた場合にその額を収入とした例がある（広島高決令元・11・27家判27・44）。

> **（資産の売却）**
> **Q144　資産を売却した場合の代金が婚姻費用の分担等で考慮される場合、どのように考慮するか。**

　　資産の処分額から、算定の年度の生活のための資とすべき額をその年度の収入に加えること

となろう。生活のための資とすべき額は、その資産の程度により、最低生活を維持する限度でやむを得ない場合もあるし、処分可能な多額の資産がある場合には、従前の生活の程度が参考となる。

（収入の擬制）

Q145　実際の収入と異なる収入を算定のための収入とする場合があるか。

義務者が、稼働能力があるにもかかわらず、これに相応する収入を得ていない場合、公平の見地から、稼働能力等に応じた収入があると擬制する場合がある（松本87頁）。

Q146　どのような場合に実際の収入と異なる収入を擬制するか。

実際の収入と異なる収入があると擬制する場合としては、婚姻費用等の算定に備えるなどの目的で、故意に収入を低くしている場合、稼働能力があり、就労が期待されるのに稼働しない場合などがある（松本87頁）。

Q147　収入を擬制する場合、収入の額はどのように算出するか。

稼働能力に応じた収入の場合には、賃金センサス（別紙4参照）を利用することが多いが、従前の収入が基準になることもあり、義務者が自営業者である場合などは、別の統計などを参考にすることもある。公平を考慮して、適切な額を算出することになる（松本91～94頁）。

Q148　権利者は年齢が50歳であり、専業主婦であった者で、就労の経験はないので、別居したからといって、直ちに就労することは困難である。この場合でも、収入が擬制されるか。

成人には、自活することが期待される。未だ婚姻中であっても、別居して婚姻費用の請求がされる事案では、ある程度先までの期間の判断が求められるので、これまで専業主婦であり、就労の経験がないとしても、自活の努力が要求される。ただし、就労の可能性は、年齢、資格の有無等諸事情を考慮して判断され、パートタイム労働の程度にとどまることが多い（松本87頁）。

Q149　権利者は、無職で、3歳の子を監護しているが、稼働能力による収入が擬制されるか。

裁判例では、子が3歳の場合に、収入を擬制したものとそうでないもの（松本88頁【裁判例40】）とがある。就労が可能かどうかは、監護する子の健康状態やその人数、監護補助態勢の有無など諸般の事情を考慮することになる。

Q150　義務者は、定年退職後、年金も少ないのに、働かない。稼働能力による収入を擬制すべきか。

その収入の多寡によるであろう。年金等の収入が家族の生活が成り立たない程度の額である場合は、稼働能力による収入を擬制することになろう。収入はないが資産がある場合、収入だ

けで家族の生活を賄えない場合は、資産の取崩しによって生活費を確保する必要がある場合も
あるが（Q142）、生活費確保の方法を稼働によるか、資産取崩しによるかは、義務者の選択に
任せ、稼働能力によって収入を擬制することとなろう。

（取締役の報酬減額）

Q151　義務者は会社代表取締役であるが、婚姻費用分担事件が係属中に、会社の業績が悪化した
　　　として、他の取締役の報酬はそのままに、代表取締役の報酬のみ3分の1に減じた。その収
　　　入は、源泉徴収票の収入の額によるか。

　　義務者が会社の経営者やその親族である場合など、報酬等の決定に影響を与えることができ
る立場にある場合、婚姻費用等の分担額を低く抑える目的で収入を減じることがある。このよ
うな場合には、減じる前の収入がある、又は稼働能力に応じた平均収入（賃金センサスによる）
があると擬制する（松本92頁）。収入の減少が不当な目的によるものか否かは、決算書類等によ
り検証するが、他の取締役の報酬はそのままに、代表取締役の報酬のみ3分の1に減じた点は、
合理性に疑問があり、不当な目的を窺わせる。

Q152　源泉徴収票による義務者の収入は著しく低いが、親族から借りていると称する高級自動
　　　車を乗り回し、夜な夜な遊興し、その収入に不相応な生活をしている場合、その収入はど
　　　のように認定するか。

　　源泉徴収票から認められる収入以上の生活をしている場合、その名目収入には疑問がある。
その生活実態を賄うに足りる収入はあると推認できるが（松本82頁）、具体的な収入は、賃金セ
ンサスにより（松本84頁）、あるいは生活実態からの認定をする。

（自分本位の退職）

Q153　義務者は勤務医であったが、スキルアップのためと称して退職し、研修生活に入り、収入
　　　はほとんどなくなった場合、収入はゼロか。

　　スキルアップのための退職でも、家族の生活を顧みず、自分勝手に転職等をして、収入ゼロ
を主張するのは、信義に反する。従前の収入があると擬制する（松本91頁、大阪高決平22・3・3家月
62・11・96）。ただし、研修期間が限定されており、その後は、従前以上の収入が得られる場合
で、期間中の権利者側の生活が保証されるのであれば、ある程度の減額は可能な場合はある。

（起業による退職）

Q154　義務者はサラリーマンであったが、退職して、起業したが、未だ経営は軌道に乗らず、収
　　　入はほとんどない。収入はゼロか。

　　退職した事情が起業のためであれば、起業後の一定期間は、厳しい状況が続くことは予想で
きたはずであり、それでもそのような方法を採ったとすれば、それにより、収入ゼロを主張す

ることは、信義則上許されないであろう。従前の収入、あるいは賃金センサスの平均賃金程度
の収入があると擬制することになろう（松本91頁）。

（家業承継のための退職）

Q155　義務者はサラリーマンであったが、長男であったので実家の電気店を継ぐことになり、退
　　　職してこれを継いだが、電気店は赤字で、義務者の収入は、著しく減少した。収入減少を
　　　認めることができるか。

　実家の電気店を継ぐことがやむを得ないとしても、家族の生活費は確保すべき義務がある。
ただし、家族と同居していても選択しなければならなかった退職であれば、それを不当とはい
えない。分担額をゼロとすることはできないが、権利者の収入等も考慮し、家族の生活が成り
立つ範囲では、婚姻費用等を減額することになってもやむを得ない場合はある。

（スキルアップのための転職）

Q156　権利者は、病院に勤務していたが、准看護学校の入学試験に合格し、就学期間中、収入が
　　　半減したことから、約2年間の婚姻費用増額を求めた。収入減少を認めることができるか。

　不当な目的の転職とはいえず、期間は限定されており、その後は権利者の収入の増加が見込
まれ、この請求を信義則違反とする理由はない（東京家審平27・6・17判タ1424・346）。

（当事者が収入を明らかにしない場合の対処）

Q157　義務者が源泉徴収票の提出を拒む場合、どうするか。

　義務者に提出を求めるのが一番だが、どうしても応じないときは、勤務先又は元勤務先に照
会する。手続代理人がいるときは、通常の事件であれば、弁護士会の照会という手続によるべ
きだが、照会先が応じる保証がない上、その手数料の額は必ずしも低くないので、婚姻費用や
養育費の額が低いときは、当事者に酷であり、裁判所は、調査嘱託を採用すべきであろう。

Q158　義務者が確定申告書の提出を拒む場合、どうするか。

　税務署は、送付嘱託や調査嘱託をしても、確定申告書の提出には応じないので、市町村役場
に所得証明書の提出を求める。

Q159　配当収入があると考えられるが、これをどのようにして把握するか。

　配当収入は分離課税の場合、確定申告書に記載がないから、市町村発行の所得証明書等によ
り確認する（松本71頁）。

Q160　医師の診療報酬を知る方法はあるか。

　都道府県の国民健康保険団体連合会、都道府県の社会保険診療報酬支払基金事務所に照会す
る。

（資料が入手できない場合の認定方法）

Q161　義務者の収入を把握できない場合、どのようにするか。

　　義務者に収入があることは確かだが、その額を知ることができない場合の方法としては、次のような方法がある。

① 従前の収入が分かれば、これを基に推定する（松本84頁）。

② 従前の生活実態から認定する（松本82頁）。そのためには、当事者に、家計簿や家計の収支一覧表、陳述書等の提出を求める。別居後の生活水準から推認せざるを得ない場合もあるが、生活費の支払がないことからこれが必要以上に節約して低く抑えられていることもある点は注意を要する。

③ 判断の資料が全くなければ、最終的には、賃金センサスを利用する（松本84頁）。

Q162　義務者である事業所得者が収入を明らかにしない場合、その収入をどのように認定するか。

　　確定申告書、納税証明書又は所得証明書が入手できない場合、過去の収入、現在の生活実態等から推認するほかない。双方に収支一覧表や生活実態（使用車両、遊興状況等）を説明する陳述書等の提出を求め、最終的には、賃金センサスを利用することもある。

（基礎収入の直接算出）

Q163　総収入を算出せずに、直接基礎収入を算出する場合があるか。

　　デイトレーダーの収入を認定する場合（Q115）、同居中の生活費から認定する場合（Q161）などがある。定年後に預貯金を取り崩して生活費に充てている場合に取り崩した額を収入とした場合にこれを換算せずに基礎収入とした例がある（広島高決令元・11・27家判27・44）。

6　分担額の算出

（義務者が生活保護受給レベルにある場合）

Q164　義務者が生活保護受給レベルの収入である場合、婚姻費用・養育費の分担義務は免除されるか。

　　生活保持義務の考え方からすると、収入が低くても分担義務はある。ただし、権利者及び義務者の生活状況や子の状況に応じて、分担額をゼロとする場合もあり得る（松本111頁）。なお、生活保護受給レベル（別紙3参照）にあるときは、免責すべきとの説も有力である（日本弁護士連合会両性の平等に関する委員会編『養育費・婚姻費用の新算定表マニュアル　具体事例と活用方法』185頁（日本加除出版、2017）、大阪家審昭57・5・29家月35・10・85、実際に受給している場合に免責する説として、秋武憲一『第3版　離婚調停』251頁（日本加除出版、2018））。

Q165　義務者が現に生活保護を受けている場合、その生活保護費は収入に加えられるか。

　　生活保護の給付金は、収入に加算しない。

（双方が子を監護する場合の婚姻費用）
Q166　権利者、義務者ともそれぞれ子を監護している場合の婚姻費用分担額の算出はどうするか。

　　基礎収入を権利者とその監護する子に割り振る（松本112頁）。算定表を利用するには、子は権利者が全員監護しているとした場合の額を、権利者と子の生活費指数の割合で按分して、義務者が監護する子の分を控除する。

（双方が子を監護する場合の養育費）
Q167　権利者、義務者ともそれぞれ子を監護している場合の養育費分担額の算出はどうするか。

　　原則的な考え方では、①義務者の基礎収入から権利者が監護する子に割り振られる子の生活費を算出し、これを権利者と義務者の基礎収入比で分担した額とする（下記図①）。②子全体に配分される金額（義務者の基礎収入から子全体に割り振られる生活費を算出してこれを権利者と義務者の基礎収入比で分担した額）を算出した上で、その額を子らの間で按分する（松本113頁）との方法もある。子全体に配分される金額は、算定表によって算出することもできる。

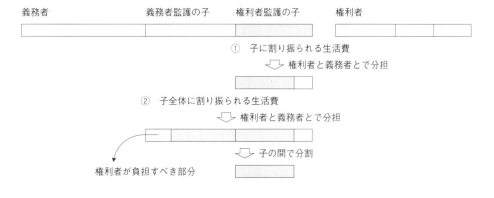

Q168　権利者、義務者ともそれぞれ子を監護している場合の養育費分担額の算出において、義務者が監護する子について権利者が負担すべき養育費は、どのように考慮するか。

　　Q167の計算では、義務者が監護する子について権利者が負担すべき額は考慮されていない。そこで、分担額から、この額を控除するとの考え方もあるが、子ごとに決めるのがよい。

Q169　収入の多い親が子を監護している場合、収入の低い親に婚姻費用、養育費の支払を求めることができるか。

　　収入の低い親にも子の監護費用を支払う義務がある。婚姻費用については、通常どおりに計算し、子を監護する親の側からは、マイナスにならなければ、その額が婚姻費用となる。養育

費については、義務者の基礎収入から子に割り振られる生活費を権利者と義務者とで基礎収入の比で分担するが、権利者の収入が義務者より多い場合は、権利者の収入を義務者の収入と等しいものとして分担する。つまりは、2分の1となる（第1　2(2)参照）。

（従前の実情と計算結果の齟齬）

Q170　権利者が同居中に義務者から生活費として渡されていた額は月額25万円であったが、その収入をもとに計算される婚姻費用の額は35万円である場合、婚姻費用の額は月額25万円か。

　　婚姻中の生活費が低かったということであり、婚姻費用の分担額は、計算結果である月額35万円が基準となる。

Q171　権利者が同居中に義務者から生活費として渡されていた額は月額35万円であったが、その収入をもとに計算される婚姻費用の額は25万円である場合、婚姻費用の額は月額25万円か。

　　月額35万円とされていた理由を検討すべきであり、特に必要があってその額とされていた場合は、これを考慮し、加算すべき事情が現状では存在しない場合は、計算結果が基準となる（松本226頁）。

7　住居関係費

Q172　住宅ローンがある場合、その住居に住む者は住宅ローンを支払うべきか。

　　住宅ローンの支払は、財産形成のための支出であり、婚姻費用分担額の算出においては、原則として考慮しない（松本118頁）。考慮すべき場合については、Q174及びQ175参照のこと。なお、支払義務そのものは、債務者となっている者にある。

Q173　住宅ローンがオーバーローンであり、財産分与において考慮されない場合でも、婚姻費用分担額の算定では考慮できないか。

　　住宅ローンの支払は、財産形成のための支出として、原則として考慮しないのは、オーバーローンの場合でも同様である（松本120頁【裁判例63】）。

Q174　住宅ローンを義務者が支払っているが、その住宅には権利者が居住している場合、婚姻費用の額は、これを理由に減額することが可能か。

　　義務者が自ら別居した有責配偶者である場合には考慮しない。そうでない場合は、権利者の収入中の住居関係費（基礎収入算定において特別経費として控除された額）は婚姻費用から控除することができる（松本124頁）。ただし、標準的な住居関係費を控除できるとの説や裁判例もある（松本121・126頁【裁判例66】～【裁判例68】）。

Q175 住宅ローンを権利者が支払っているが、義務者が居住している場合、これを婚姻費用の算定において考慮するか。

　　義務者に住居関係費として留保された額は、考慮する（松本120頁）。権利者の生活費を確保するために、婚姻費用に住宅ローンの額又は標準的住居関係費を加算することも考えられる。義務者がローンを支払い、権利者が居住する場合（Q174）に標準的な住居関係費を控除できるとの立場は、ここでは標準的住居関係費を加算するとの説となろう。

Q176 家庭内別居の場合の住宅ローンの負担はどのように考えるか。

　　双方にとって住宅確保の費用ということができるので、分担が原則である。権利者、義務者に特別経費として総収入から控除された住居関係費があるときは、これから賄えばよい。これが現実の住宅ローンの額に不足するときは、不足部分を収入の割合で負担する。結果的に、住宅ローン全額を、収入に応じて負担することになる。現実には、どちらか、又は双方が支払っているので、この考え方で清算する方法で、負担額を決定する。

Q177 権利者は、幼子を抱えて就職できない。婚姻費用の分担額に住居関係費を加算できないか。

　　住居関係費は基礎収入算定において、総収入から控除されるので、分担額には住居関係費を含まない。住居は、基本的に、権利者、義務者がその収入に応じたものを確保すべきものであるが、権利者が無収入である場合、義務者には住居関係費が留保されているのに対して、権利者にはこれがない。そこで、事例によっては、住居関係費を加算しないと公平を著しく害する場合もある（松本117頁）。義務者に留保された住居関係費が義務者が現に負担する住居関係費より多額であれば、その差額は考慮すべきであるし、そうでない場合でも、住居関係費が婚姻費用に類するものであるという点から、その費用を一部負担する必要がある場合は肯定できよう。

Q178 養育費に住居関係費を加算できないか。

　　子は監護親と同居するのが通常であり、養育費には住居関係費は含まないが、子の福祉のために、その住居環境を整えるための費用が必要であれば、その費用を養育費に加えることも可能であろう。

Q179 義務者は夫婦の別居に専ら責任がある有責配偶者である場合、義務者が別居前から賃借し、現に権利者が居住する住居の賃料の支払義務はあるか。

　　有責配偶者は、無責の配偶者に不利益を与えるべきではなく、従前負担していた居住住居の賃料を負担し、又は、賃料相当額を婚姻費用の額に加算すべきである（松本135頁）。

> **Q180**　義務者は有責配偶者であるが、賃借していた住居を出て行き、賃料を支払わなくなったので、権利者は、自ら賃借住居を確保しなければならなかった。その敷金、賃料は、婚姻費用に考慮できるか。

　有責配偶者は、従前住居の賃料を負担し、又は賃料相当額を婚姻費用・養育費に加算すべき関係にあったのであり（Q179）、権利者が転居した場合でも、原則として、新たな住居の賃料相当額（ただし、権利者に留保されている住居関係費を除く部分）を婚姻費用に加算すべきである（東京家審平31・1・11家判30・99）。さらに、転居のための費用も加算されるべきであるが、解約時に返金される敷金等は、婚姻費用には加算できないであろう。

> **Q181**　義務者は、有責配偶者ではないが、別居後も権利者が居住する賃借家屋の賃料を支払い続けている。その賃料は、婚姻費用の額に考慮できるか。

　義務者には、特別の事情がない限り、権利者の住居確保費用を負担する義務はないので、通常、その支払額を別個に清算するか、婚姻費用の額から控除する（松本134頁、調停条項は松本241頁）。

> **Q182**　義務者が賃借していた住居を出て行き、権利者はそのまま居住しているが、賃料が通常より高額である場合、婚姻費用の額からその賃料相当額全額を控除してよいか。

　義務者が別居したからといって、権利者が直ちに転居できるのではない。双方の収入等を考慮して、公平の見地から、一定額を義務者に負担させることとなる（松本135頁）。

> **Q183**　別居したが、権利者は、義務者所有家屋に無償で居住している。賃料相当額を婚姻費用から控除できるか。

　権利者の居住は、婚姻関係にある以上、不法占有ではなく、不当利得でもないから、控除できない。ただし、権利者に留保された住居関係費があるときは、その限度で婚姻費用から控除することはできよう（松本135頁）。

8　教育費

> （標準的な教育費を超える教育費）
> **Q184**　義務者は標準算定方式によって算出される分担額中の教育費を超える教育費を分担すべきか。

　標準算定方式の原則的な方式で算出される分担額中の教育費（以下、これを「標準的な教育費」という。）には公立中学校又は公立高等学校の教育費が考慮されているが、実際に必要な教育費がその額を超える場合、その教育費が義務教育の範囲内であれば当然に分担すべきであり、義務教育を超える費用の場合でも、次の場合には、その意思により、また、親としての義務として分担義務を負う（松本136頁）。

①　義務者が、明示、又は黙示により、承諾した場合

②　義務者の収入・学歴・地位などからその教育費負担が不合理でない場合

（黙示の承諾）

Q185　義務者は、面会交流の際に、子から大学を受験すると聞き、頑張れよと激励した。義務者に、大学費用の分担義務があるか。

義務者の承諾は、黙示でもよい。義務者が、子の進学を勧めたり、協力したりする場合には、少なくとも黙示的に進学に承諾していると解される場合がある。受験を激励したことは、通常は、進学に承諾したといえよう（松本136頁）。

（進学に反対する場合）

Q186　義務者の学歴は高校卒であるが、事業に成功して、多大の資産を築いた。子には家業の技術習得のために、進学せず、家業に従事するように求めたが、子は、家業の承継を拒否して、大学に進学した。義務者に、進学に伴う教育費の分担義務はあるか。

今日では、親権者であっても、家業の承継を強いることはできないし、進学も、不合理な選択でなければ、子の意思を尊重すべきものであろう。そうであれば、子が進学するのを不合理としないだけの収入があれば、義務者が望まない進学であっても、その費用の分担義務はある。

（分担に資力が不足する場合）

Q187　義務者が、長男の大学進学には、承諾して、その費用を分担しながら、二男については、二人を進学させる資力・収入がないとの理由で反対している場合、義務者に二男の進学費用を分担する義務があるか。

兄弟を差別するわけにはいかないから、二男が進学すれば、反対している場合でも、教育費の分担義務は生じよう。ただし、その額は、長男の費用を含めて、その収入の範囲でということになる。

Q188　義務者が分担すべき教育費に下宿代を含むか。

自宅から通学できる場合は、特に下宿の必要がある場合以外は、含まない。

Q189　義務者が分担すべき教育費に学校に対する寄付金を含むか。

全く任意の寄付金は含まないが、義務者の資力・収入によっては、寄付金の目的と金額が相当であれば、含む場合もある。

（留年後の教育費）

Q190　大学に進学した子が留年した。義務者はその後の教育費を分担すべきか。

未成熟子という点では、留年しても卒業までは、これに該当する。そして、留年した場合で

も、特段の事情がない限りは、卒業までの分担はやむを得ないところである。ただし、義務者の収入、社会的地位、進学の理由、留年の理由等を考慮した場合、分担義務が終了する場合もある。学業を続ける意思を喪失して、退学見込みの場合などは、自立が求められ、分担を要しない場合もあり得る。

Q191　子は、高校3年生であるが、受験予備校に通っている。予備校の費用を義務者に求めることができるか。

　　子が受験期にあり、学習の必要性が高い場合には、当事者の経済状況等を勘案の上、社会通念上相当と認められる範囲で義務者に分担させる余地がある（松本139頁）。

Q192　子の学習が遅れ気味であることから、学習補助のために塾に通わせている。その塾の費用を義務者に求めることができるか。

　　学習補助的な塾に通学させる必要がある場合など、事案に応じて適切な範囲で義務者に負担させることが相当とするのが、最近の傾向である（松本140頁）。

Q193　子を公立の幼稚園に入園させることができず、やむなく私立の幼稚園に入れている。その費用を、義務者に求めることができるか。

　　権利者が、これによって就労が可能となって、収入を得ている場合、幼稚園の費用は、事実上、収入を得るための経費となっているわけで、また、この収入があることによって、義務者の分担額が減少するという関係にあることからすると、これを全く考慮しないのは、公平に反する。このような場合、私立の幼稚園の費用も、その額が適正なものであれば、義務者はその分担をすべきである（松本137頁）。

（クラブ活動の費用）
Q194　子がサッカークラブに入っており、試合に参加する際の監護親が同行する旅費について、義務者である非監護親に分担義務があるか。

　　義務者が、子がサッカークラブに入ることを承諾している場合、通常想定される試合へ参加するための費用については、分担義務を負う。その参加に監護親が同行する費用は、子が小学生の場合には、分担を必要としよう。子が中学生程度となると、子の成長の程度、旅行の程度、クラブのこれに対する管理態勢等を考慮し、一人での旅行に問題なければ、分担を要しない。

Q195　子が12歳であるが、父母が同居していた3歳の時からヴァイオリンを習っている。そのレッスン料、合宿費用、発表会の費用、コンクール参加費、その際の衣装料、合宿、発表会への監護親の分を含めた旅費、宿泊費、成長に伴うヴァイオリン買換費用について、義務者に分担義務があるか。

　　同居中に始めた習いごとについては、収入等を勘案し、これを継続することを不合理とする

事情がない限り、通常、この継続により必要となる費用の分担義務はあるといえる。その場合、当事者の収入や社会的地位に応じたものであれば、合宿や発表会の参加費用、その際の衣装料、監護親を含めた旅費・宿泊費の分担義務も肯定できる。ヴァイオリンの購入費については、子が成長すれば、必要となるものであるので、これについても分担義務があるといえるが、そのレベルは、教育用のもので足りる。

Q196 子がピアノを習っており、義務者もこれに同意しているが、使用しているピアノが古いので買い換えたい。義務者にその費用の分担を求めることができるか。

買換えの必要性の程度とこれを可能とする当事者の収入・資力による。必要性が高ければ、義務者の分担を求めることができるであろうが、費用は、収入に応じたものとなる。

Q197 義務者の同意を得て、子にピアノを習わせることとなり、ピアノを購入して、練習を始めたところ、近所から苦情が出て、防音工事をすることになった。義務者に防音工事費の分担を求めることができるか。

通常は、義務者の同意は、防音工事までも想定してされたものではないし、ピアノの練習をするにしても、防音工事をして自宅ですることが必然ともいえないので、分担義務はないといえる。

Q198 子が権利者の元から遠方の寄宿制学校に進学した。権利者は定期的に学校又は寄宿舎を訪れて、子の状況の把握に務めている。その際に権利者が要した交通費、宿泊費について義務者に分担を求めることができるか。

子の監護のために必要な費用といえる範囲で分担を求めることができる。

Q199 子は中学生であるが、権利者が、子のスマートフォンの通信費が毎月2万円以上必要であるとして、その2分の1の負担を求めるが、義務者は、子にスマートフォンを持たせることに反対であるとして、その負担を拒否する。この監護費用の加算は可能であるか。

子にスマートフォンを持たせることは、今日では、必ずしも不合理なこととはいえないであろうし、その判断は、監護親が決定することといい得る。ただし、これに要する費用は、通常は、その分担額の範囲内で処理すべき問題であり、加算の対象とはならない。子の利用する額が多すぎるからといって、加算の理由とはならない。

Q200 子が自転車による通学中に歩行者に衝突して、権利者が損害賠償をしなければならなくなった。その賠償金についてを義務者に分担を求めることができるか。

子が起こした事故の損害賠償義務は、子の監護費用分担の問題ではなく、責任能力がない未成年者の不法行為に対する監督義務者として責任の有無によって定まる（民714）。

（標準的な教育費を超える額の算出）

Q201　義務者が、標準的な教育費以上の額を分担すべき場合、その額は、どのように算出するか。

　　　追加して分担すべき教育費は、通常の算定方式で考慮されている額を超える部分であるから、分担義務のある教育費全体から通常の算定方式で算出した額を控除した額となる（松本145頁）。

Q202　標準的な教育費を超える額の算出において、地方公共団体等からの子の就学のための補助金を考慮できるか。

　　　教育費を追加して負担すべき場合の教育費は現実に要する教育費であり、その額が補助金によって減少するのであれば、減少した額となる。ただし、子の就学等のための補助金は、標準的な教育費を減額する理由にはならないから、これを権利者等の収入に加えるべきでない。

（収入に比して過大な教育費）

Q203　義務者は、進学には反対しなかったが、子が私立の医学部に入ったので、その学費が義務者の収入に比して過大となった。それでも分担義務はあるか。

　　　分担義務がないとはいえないが、このような場合、通常は、奨学金やアルバイトをすることを前提に進学したと考えられるので、分担額を決める際に、子の奨学金やアルバイト収入を考慮する（松本140頁）。

Q204　奨学金を当てにして大学に進学したが、奨学金を得られなかった。この場合の分担額はどのように算定するか。

　　　当てが外れることは想定すべきであり、奨学金がないものとして算定した額を分担することになるが、その額が収入に比して過大である場合は、減額することもあり得る。

Q205　権利者の実家が支援するということで、医学部に進学させたが、支援を断られた場合、義務者は進学に伴う費用を分担すべきか。

　　　原則的には、義務者は、その費用を分担すべきであるが、実家が支援するという内容が契約としての拘束力を持つ合意である場合には、これを考慮して、分担額を減額することもあり得る。

（進学後の収入減少）

Q206　大学進学後、義務者の事業が芳しくなくなったが、従前どおりの支払を継続すべきか。

　　　収入が減少すれば、子の監護に関する費用の分担額も減少するが、その結果、教育費に不足を生じる場合、その場合でも、子が大学を卒業することは重要なので、そのための最低限の費用の分担は維持する必要がある。そこで、奨学金の貸与を求めたり、子もアルバイトをする等の手段を尽くしたりすることを視野に、必要最小限の分担を考慮すべきことになる。

（教育費分担割合）

Q207　標準的な教育費を超える部分を分担する場合、分担の割合は、婚姻費用と養育費とで異なるか。

　　分担する教育費は、既に分担を決めた生活費の中から出すことになる。婚姻費用の分担においては、権利者も義務者も、生活費指数は同じ100として計算しているからそれぞれの生活費は同額であるので、分担の割合は、原則として、各2分の1ということになる。養育費の場合は、権利者と義務者の生活費は異なるので、基礎収入による比となる。次の図は、15歳以上の子一人の例である。

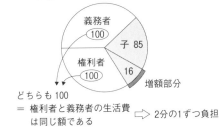

＜計算式＞

　　義務者の基礎収入をX、権利者の基礎収入をY、子の生活費指数を a とする。

　　a が85の場合、β は16、a が62の場合、β は7である。

（婚姻費用）

　　義務者の婚姻費用分担額に加算される教育費

$$= \left\{ 全体の教育費 - (X + Y) \times \frac{a}{100 + 100 + a} \times \frac{\beta}{a} \right\} \times \frac{1}{2}$$

（養育費）

　　義務者の養育費負担額に加算される教育費

$$= \left\{ 全体の教育費 - \left(X \times \frac{a}{100 + a} \times \frac{\beta}{a} \right) \right\} \times \frac{X}{X + Y}$$

Q208　標準的な教育費を超える教育費は、家族全員で分担するとの考え方はとれないか。

　　子の監護費用の分担義務を負うのは親であるから、超過分を子に負担させることはできない。

Q209　養育費の算定において、標準的な教育費を超える教育費を分担する場合、基礎収入の割合と異なる割合で算出する場合があるか。

　　ある。権利者が義務者の子以外の子を監護し、その生活費を負担している場合、権利者と義務者の生活費部分は、必ずしも基礎収入に比例していないので、これを考慮した割合とすることもできる。また、権利者又は義務者に、基礎収入以外に教育費を捻出できる費用がある場合には、これを考慮して割合を決めることも可能である。

（財産分与を理由とする分担拒否）

Q210　権利者が、子が進学したとしてした教育費の追加分担に対し、義務者は、権利者には離婚
　　　の際に多額の財産分与をしたという理由で、分担を拒否している。拒否は理由があるか。

　　算定は、収入に基づき、義務者が財産を所有することは、原則的には考慮されないが、これ
と同様に、権利者の財産も考慮しない。そして、財産分与が清算的意味のものである場合は、
これが多額であっても、その内容に子の将来の生活費を含まないので、この点からも考慮され
ない。ただし、財産分与に扶養的意味のものを含み、その内に、子の進学費用が含まれている
のであれば、これから負担すべしという理屈は成り立つ。

（子の資産を理由とする分担拒否）

Q211　権利者が、子が進学したとしてした教育費の追加分担に対し、義務者が、子名義の預金が
　　　あるので、これから支出すべきであるというが、認められるか。

　　子の預金が子の将来の進学のため等に備えて、義務者の贈与として形成されたもので、財産
分与に当たっても、その趣旨で、子に帰属するものとして、監護親に託されたものである場合
には、これから負担すべきであるということはできる。

Q212　権利者が、子が進学したとしてした教育費の追加分担に対し、義務者は、従来から学資保
　　　険に加入していたから、進学費用はこれによるべきであるとして、負担を拒否しているが。

　　財産分与に当たっては、学資保険は、その解約返戻金を対象財産として清算していることが
多い。そのような場合、学資保険があるからといって、追加して負担すべき進学費用の分担を
免れることはできない。ただし、学資保険を財産分与の対象財産とせずに、監護親に帰属させ
た場合、同居中に形成された部分については、追加の分担額を決定するに当たって考慮するこ
ととなる。

Q213　Q212の例で、権利者は、離婚後、学資保険を解約して費消したと主張しているが。

　　学資保険を財産分与の対象とせず、子の将来の進学のために、監護親に帰属させた場合は、
同居中に形成された部分については、追加の分担額を決定するに当たって考慮すべきであり、
離婚後に解約したとしても、考慮しない理由とはならない。

（学資保険料）

Q214　別居後も権利者において学資保険の支払を継続しており、婚姻費用に学資保険料の加算
　　　を求めるが、加算は可能か。

　　学資保険は、預金性のある保険であり、保健関係費として控除されている部分はあるが、そ
れ以上には考慮しない。すなわち、原則として、学資保険の支払は婚姻費用・養育費の算定に

おいては考慮を要しない。別居後、権利者においてその支払を継続しても、学資保険料を加算すべきという扱いはされていない。ただし、将来、子が進学した場合には、その時点で義務者に進学費用の分担義務が生じるので、それに備えるために保険料を義務者が分担するとの合意をすることはできる。この場合、将来の教育費の前払ということになる。なお、財産分与においては、別居時を基準として解約返戻金がその対象となる。別居後も解約しないで支払を継続した場合、その支払に係る持分は支払者に帰属する。

9　医療費

（標準的な医療費を超える医療費）

Q215　標準的な医療費を超える高額の医療費が必要な場合、これをどのように反映させるか。

標準算定方式の原則的な方式で算出される分担額中の医療費（「標準的な医療費」という。）を超える医療費が必要な場合、その額を権利者と義務者で分担する。医療費は特別経費として基礎収入の算出前に総収入から控除されるものであるから、超過部分も含めて、特別経費として総収入から控除する方法もある。ただし、この方法は、医療費を監護する子にも負担させることとなる（下記図左）。権利者と義務者で分担する場合は、基礎収入によって按分することも多いが、超過部分は生活費から支出されるから、婚姻費用の場合には、教育費と同様に折半とすべきであるともいい得る。

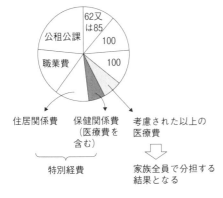

医療費を全て特別経費として控除する場合

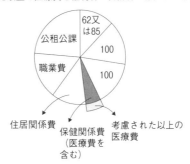

考慮された以上の医療費を権利者・義務者で分担する場合

Q216　標準的な婚姻費用の額に加算される医療費はどのように算出されるか。

実証的研究の標準算定方式において考慮されている保健医療費の総収入に対する割合は、実証的研究31頁の資料2（別紙2参照）に基づいて計算すると、概ね2～3％であり、収入が高くなるほど低くなる傾向にある。収入が900万円を超えると2％を切る。義務者及び義務者が監護する子に生じた医療費は義務者の総収入から、権利者及び権利者が監護する子に生じた医療費は権利者の総収入から、収入に応じた保健医療費の割合を超えるもの（概ね3％を超えるもの）を加算が必要な医療費とすることになろう。

> **Q217**　医療費が収入のない権利者又はその監護する子に生じた場合、その医療費を義務者に請求できるか。

　医療費は、保健関係費として総収入から控除され、基礎収入部分には入っていないので、権利者に収入がない場合には、権利者には医療費が留保されていない。他方で、義務者には、医療費が留保されているので、婚姻費用の分担においては、権利者及びその監護する子について高額の医療費が発生した場合は、その費用を請求できないと公平ではない。

> （少額の医療費）
> **Q218**　権利者は無職無収入であるところ、監護する子の健康のために、ビタミン剤のサプリを飲ませ、インフルエンザの予防接種もしたが、結局、インフルエンザに罹患した。そこで、権利者は義務者に対し、ビタミン剤の購入代金1000円、予防接種費用2000円、治療費5000円の合計8000円の支払を求めることはできるか。

　権利者には収入がないから、権利者に医療費は留保されていないが、子が転んで膝をすりむいた場合の薬代、風邪を引いた際の風邪薬代など、日常、しばしば生じ得る少額の医療費は、生活費から支出すべきもので、これらの全てを分担しないと公平でないとはいえない。追加負担を要するのは、その額が高額になる場合というべきである。設問の場合、養育費の額が非常に低廉な場合を除けば、各費用の追加負担を求めることはできないであろう。

> **Q219**　子が歯列矯正の治療を受けたが、その費用の追加負担を求めることができるか。

　歯列矯正費用については、追加負担の対象となる費用とした裁判例がある（松本148・149頁【裁判例83】）。

> **Q220**　子がコンタクトレンズを使用しているが、その費用の追加負担を求めることができないか。

　その費用が、子の監護費用の額の相当の割合を占める場合は追加負担を考慮することもあろう。裁判例としては、眼鏡代を他の治療費と共に考慮したものがある（松本148・149頁【裁判例83】）。

> **Q221**　義務者は転倒して骨折し、治療を受けたが完治せず、車いすを必要とする状態となり、家屋をバリアフリー化した。その費用を算定の際に考慮できないか。

　家屋改造費用も治療後の生活に必要な費用であるから、医療費に類して考慮すべき場合もある（松本148頁）。家屋改造費用の額、義務者の資産、収入状況等を考慮して、分担額を減額する。

> **Q222**　障害保険の給付金を収入に加算した場合に、障害がある人の自立や介護のための費用等の負担に特別の考慮が必要か。

　障害保険制度の目的からすれば、その給付金は、受給者の自立や介護のための費用にも当てられるべきであるから、医療費の範囲については、保険制度の趣旨を考慮することになる。

> **Q223**　多くの保険に加入しており、保険を保健医療費として考慮すると、考慮された保健医療費を超えるが、その超過部分の分担を求めることができるか。

　　貯蓄性のある保険については、その額が特別経費として考慮された額を超える場合でも、その超過部分の分担を求めることはできない。一般に、別居時を基準時として、その時点の解約返戻金相当額が離婚に伴う財産分与の対象財産となり、基準時後の掛金の支払は、特有財産からの支払として、財産分与において清算される関係にあるからである。掛け捨ての保険については、その必要性があるかどうかを含め、個別に考慮する。

10　高額所得者

> （婚姻費用）
> **Q224**　算定表の上限を超える高額所得者の婚姻費用の算定はどのようにするか。

　　婚姻費用の場合、一つ目は、算定表の最高額を上限とする方法であり、算定表の上限を500万円を超える程度までの事案で用いられる。二つ目は、基礎収入の割合を修正する方法であり、収入が概ね1億円までの事案で用いられる。基礎収入割合を修正する過程で貯蓄率を考慮している場合もある。三つ目は、基礎収入割合の修正に加えて、貯蓄率を控除する方法である。やはり、収入が概ね1億円までの事案で用いられる。四つ目は、同居中の生活レベル等から算定する方法である。上記3方法では算定できない場合に用いられるとともに、各方法による算定をより合理的なものとするために併用して用いられる（松本149頁）。

> （婚姻費用の上限）
> **Q225**　婚姻費用について100万円が上限であるという考えはとれるか。

　　分担額は、監護する子の人数で大きく変わるし、生活の実態（住居、交際関係など）により、必要な生活費も変わる上、高額所得者の場合、実際に、同居中に100万円以上の生活費を交付していた例はしばしばあるので、100万円が上限と決めつけることはできない。

> （基礎収入割合の修正）
> **Q226**　基礎収入割合の修正はどのような方法で行うか。

　　基礎収入割合は、収入が多くなるに従って低くなるので、その低減の傾向を考慮して修正する。2000万円を超え、250万円から500万円増加するごとに1％から1.5％程度という考え方もある（松本153頁）。裁判例では、総収入6200万円についてマイナス7％としたものがあり（福岡高決平26・6・30判時2250・25）、これを参考に、4000万円を超えると税率が上がるという点を考慮すると、次のようになる。括弧内は、収入ゼロの権利者が15歳以上の子を監護する場合の養育費の試算値（月額）である。

　　　〈年収〉　　　〈基礎収入割合〉

2000万円〜2500万円・・・37　　（1人のとき〜35万円、2人のとき〜 49万円）

　　　〜3000万円・・・36　　（　〃　　〜41万円、　〃　　〜 57万円）

　　　〜3500万円・・・35　　（　〃　　〜46万円、　〃　　〜 64万円）

　　　〜4000万円・・・34　　（　〃　　〜52万円、　〃　　〜 71万円）

　　　〜4500万円・・・33　　（　〃　　〜57万円、　〃　　〜 78万円）

　　　〜5000万円・・・32　　（　〃　　〜61万円、　〃　　〜 84万円）

　　　〜6000万円・・・31　　（　〃　　〜71万円、　〃　　〜 98万円）

　　　〜7000万円・・・30　　（　〃　　〜80万円、　〃　　〜110万円）

（貯蓄率）

Q 227　高額所得者について、貯蓄率を控除する理由は何か。

　　収入が多くなると、その内から資産形成費用に回される額も多くなり、その全てが生活費となるわけではないので、この部分を公租公課、職業費、特別経費に加えて控除するのが合理的と考えられるからである。

　　貯蓄率を考慮せずに、基礎収入割合を考えると、基礎収入の割合が、所得が多くなるに従って低くなるのは、公租公課の割合が高くなるからである。職業費、特別経費の割合は、収入が多くなるに従い、割合は低くなるが、公租公課の割合の増加率が大きいので、結果として、収入が多いほど、割合が低くなる。そうすると、2000万円を超える場合でも、その低減率は、公租公課の割合が増加することによる低減を超えることにはならないということになる。このように考えると、2000万円の収入の場合の、職業費と特別経費の割合に、公租公課の割合を加えた割合を控除すればよいということになる。この場合、2000万円から4000万円までは、所得税率は同じ（40％）で、住民税、社会保険料の割合も最高額で変わらないと考えられるから（公租公課の割合としては、35％前後となる。）、4000万円までは、2000万円の基礎収入割合（38％）から貯蓄率を控除することとなり、4000万円を超える場合は、増加する所得税率5％を考慮し（5％全部を控除するということにはならない。）、かつ、貯蓄率を控除するという方法が考えられる。

Q 228　貯蓄は収入2000万円以下の場合でもされているが、その貯蓄は総収入から控除されず、基礎収入に含まれ、分担の対象となっている。そうすると、収入2000万円を超える場合のみ貯蓄率による貯蓄額を総収入から控除するのは矛盾ではないか。

　　収入2000万円以下の場合に貯蓄を総収入から控除しないのは、貯蓄は生活保持義務による生活費分担に優先しないという理由である。つまり、その貯蓄は、生活費に充当されることが予定されている。これに対し、収入が2000万円を超える場合に控除する貯蓄は資産形成であり、生活として費消されるものではないと考えられるからである。そこで、収入が2000万円を超え

る場合に控除する貯蓄率は、その収入に対応する貯蓄率から収入2000万円に対応する貯蓄率を控除した数値を用いることとなる。

Q229　貯蓄率はいくらか。

　　総務省統計局の家計調査の結果等を参考にするが、裁判例では、総収入約4000万円の事例で、総収入から税金及び社会保険料を控除した可処分所得の7%としたものがあり（松本155頁【裁判例87】。結果として、総収入に対する割合は約4.5%である。基礎収入割合は約26%となっているが、改正前の割合を用いているからである。）、調停実務では、同程度の収入の場合には、これを先例として、可処分所得の7%程度とすることもしばしばある。貯蓄率は段階的に上がると考えて、2000万円を超える500万円ごとに1%を控除すると、総収入に対する割合は、Q226の割合に近くなる。

Q230　実際に貯蓄していない場合でも貯蓄率を控除するか。

　　控除する（松本154頁）。貯蓄率は基礎収入を算出するための計算方法であり、実際に貯蓄しているかどうかは関係がない。実際は、貯蓄せずに、浪費している場合もあるかも知れないが、必要な生活費は、公租公課、職業費、特別経費を控除した残り全てではないからである。その意味では、貯蓄率控除は、特別経費の範囲の拡大といってもよい。

（公租公課）

Q231　公租公課は理論値によるか。

　　高額所得者の基礎収入の算定においては、公租公課は、実額によることが多い（松本155頁【裁判例87】）。

（生活レベルによる算定）

Q232　生活費を同居中の生活レベル等から算定する場合、これをどのように認定判断するか。

　　同居中に一定額の給付を受けている場合は、その額が参考となる。これがない場合は、当事者に収支表とその客観的な裏付け資料の提出を求める。また、現在の双方の生活状況も参考にする。

（高額所得者の養育費）

Q233　高額所得者の養育費はどのように算出するか。

　　2000万円の上限の額を基準とする。養育費は、収入が増えても、それに比例して無制限に増加することはないといえるからである。ただし、収入が著しく高い場合には、高度な技量を持つ専門家の家庭教師をつける場合や海外留学させる場合など、特別に費用を要していることもあるので、この場合はその額を考慮して増額することになる。

11　債務の考慮

（債　務）

Q234　債務の存在を婚姻費用・養育費の分担額を決めるに際して考慮できるか。

　　婚姻費用・養育費の算定では、債務の存在は、基礎収入算出の段階では、全く考慮しないし、最終的な分担の段階でも、考慮しないのが原則である。

　　ただし、婚姻費用の算定においては、夫婦の生活のために借り入れた債務は、夫婦の双方に弁済義務があるとして、権利者が支払うべき部分を、婚姻費用分担額の算定において考慮すべきであるとの考え方がある（秋武憲一『第3版　離婚調停』236頁（日本加除出版、2018）、松本161頁）。調停では、実際に支払ができる額でなければ、任意の履行が期待できないので、このような債務を考慮した合意をすることは多い。審判の場合は、債務の性質からこれを権利者が支払うべきであるということが明白で、その額に争いがなく、かつ、これを考慮しても、権利者側の生活が成り立たないことはないというような場合には、このような債務を考慮した判断をすることはあるが、債務の処理は、婚姻費用分担とは別に処理することを求めて、考慮しないことのほうが多い。

　　養育費の場合は、債務を弁済する義務は子にはないから、考慮しないのが普通である。

Q235　借金として、子の教育ローンがある場合、婚姻費用・養育費の分担に考慮できないか。

　　教育ローンは、子のために負担した債務であるから、親がその収入の比で分担すべきものと考えられ、婚姻費用の額から権利者が負担すべき割合の額を控除することは多いと考えられる。養育費の場合は、その額から控除することは、原則としてできないが、権利者も負担すべき債務であるから、これを権利者が支払うこととするなどの方法で考慮することは不可能とはいえない。

Q236　住宅の修理費用、増築費用などの債務がある場合、婚姻費用の算定において考慮するか。

　　原則として考慮しない。しかし、住宅の修理費用、増築費用については、住宅ローンに類して扱い、その住宅を権利者が利用している場合は、権利者に留保されている住宅関係費の額を考慮して、婚姻費用を減額することはあり得る。

Q237　権利者が使用している車両のローンを義務者が支払っている場合、これを婚姻費用に考慮できるか。

　　婚姻費用の額から、権利者が負担すべき額について控除した例はある（松本163頁【裁判例91】）。

Q238　給与所得者だが、自家用の車で通勤中事故を起こし、損害賠償しなければならないので、考慮してほしいと主張するが、考慮できるか。

　　一般の債務と同様に扱う（Q234）。考慮しないのが普通である。

Q239　権利者が支払うべき債務を義務者が支払っている場合、これを理由に養育費を減額できるか。

　　　子には債務を支払う責任がないので、債務があることを理由に養育費を減額することはできない。ただし、権利者自身は、義務者に返済しなければならない関係にあるので、これを同時に解決する場合はある。

12　夫婦間の子以外の被扶養者の存在
（※事情変更が問題となる場合は、13を参照）

（婚外の子を認知した場合の婚姻費用）
Q240　義務者が、婚外の子を認知した。婚姻費用はどのように計算されるか。

　　　認知した子については、義務者だけが扶養義務を負うので、義務者の収入から割り振られる費用と、権利者の収入から割り振られる費用をそれぞれ算出して、合計する。その際、認知した子については、その母も扶養義務を負うので、その収入を考慮して、生活費指数を修正することになる（松本167頁）。

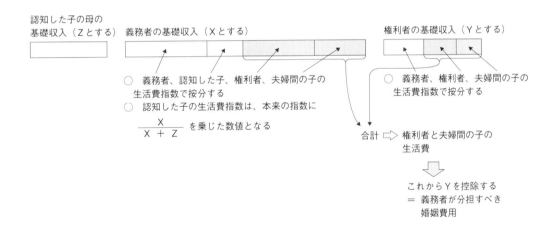

Q241　婚姻費用の算出における認知した子の生活費指数はいくらか。

　　　認知した子については、その母と義務者が扶養義務を負うので、子の生活費指数を、その母と義務者の収入の比で修正（Q240の図では、（X＋Z）分のX）する（松本167頁、菱山泰男＝太田寅彦「婚姻費用の算定を巡る実務上の諸問題」判例タイムズ1208号28頁（2006））。

Q242　認知した子の母の収入が不明の場合どうするか。

　　　認知した子の母の年齢や職業等が分かれば、これに応じた賃金センサスによって認定する。無職の場合や、子が比較的幼いときは、パートタイム労働者としての平均収入による。

Q243 義務者が、認知した子の養育費を支払っていない場合、認知は婚姻費用に影響するか。

　　義務者が認知した子に対する扶養義務を怠っているだけであるから、理屈としては、認知を考慮して婚姻費用の額を算出するという結論になるが、将来も支払わない状態が続くような場合には、信義則から見て、考慮を要しないとの結論もある。

（再婚で、連れ子がいる場合の婚姻費用）
Q244 義務者が再婚で、前婚の子と同居する場合の婚姻費用はどのように計算するか。

　　婚外の子を認知した場合（Q240）と類似し、その計算方法中の「認知した子」を「前婚の子」と読み替えればよい。

（義務者が前婚の子に送金している場合）
Q245 義務者は、再婚で、前婚の子がいて、養育費の送金をしている。この場合の婚姻費用の算定はどのようにするか。

　　計算方法は、前婚の子と同居する場合（Q244）と同じである。実際の送金額を義務者の基礎収入から控除するという方法もあるが、この方法は、送金額が適正な場合に限られる。送金額が審判で決まった場合は、適正な額といってよいであろう。

（義務者が前婚の子に送金していない場合）
Q246 義務者は、再婚で、前婚の子がいるが、養育費の支払をしていない。婚姻費用の算定に前婚の子がいることを考慮すべきか。

　　義務者が前婚の子に対する扶養義務を怠っているだけであるが、将来も支払わない状態が続くような場合には、信義則から見て、考慮を要しないとの結論もある（Q243参照）。

Q247 権利者、義務者共に再婚で、共に前婚の子があるが、別居し、それぞれが自分の子を監護している場合の婚姻費用はどのように計算するか。

　　権利者、義務者とも自分の子についてのみ扶養義務を負うので、義務者の収入から割り振られる費用と、権利者の収入から割り振られる費用をそれぞれ算出して、合計する。その際、各前婚の子については、その元配偶者も扶養義務を負うので、その収入を考慮して、生活費指数を修正することになる。そして、権利者の収入から権利者側に割り振られる生活費には、権利者の前婚の子の生活費を含める。この合計額から、権利者の基礎収入を控除したものが婚姻費用分担額である。

Q248 権利者、義務者共に再婚で、共に前婚の子があるが、別居し、権利者が義務者の子をも監護している場合の婚姻費用はどのように算出するか。

　　理論的には、Q247と同じに考えるが、子を公平に扱うという考えで、どの子も養子縁組がさ

れたと同様に扱うという方法も有力である。

（婚外の子を認知した場合の養育費）

Q 249　義務者が、婚外の子を認知して同居している場合、権利者と義務者との間の子の養育費は
　　　　どのように計算されるか。

　　　養育費は、義務者の基礎収入から子に割り振られる生活費を権利者と分担するが、その生活
費を算出する際に、認知した子が被扶養者となる。その際、認知した子について、その母の収
入を考慮して、生活費指数を修正することは、婚姻費用の場合と同様である（松本169頁）。

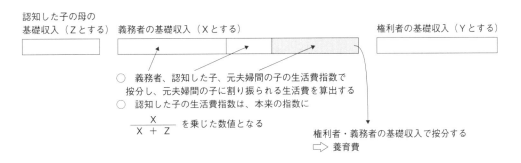

Q 250　義務者は、婚外の子を認知し、養育費を送金している。権利者と義務者との間の子の養育
　　　　費はどのように計算されるか。

　　　送金を考慮しないという運用もある（松本171頁【裁判例93】）。しかし、義務者には、認知した
子の扶養義務はあるので、この点を考慮して算出するのが理論的である。その計算方法は、Q
249と同じである。実際の送金額を義務者の基礎収入から控除するという方法もあるが、この
方法は、送金額が適正な場合に限られる（松本172頁）。

Q 251　義務者が、認知した子の養育費を支払っていない場合、認知は養育費に影響するか。

　　　義務者が認知した子に対する扶養義務を怠っているだけであるが、将来も支払わない状態が
続くような場合には、信義則から見て、考慮を要しないとの結論もある（Q 243）。

（複数の異母兄弟）

Q 252　義務者は婚姻離婚を繰り返し、異なる配偶者との間に三人の子がいる。その内の一人か
　　　　らの養育費の請求があった場合の算定はどのようにするか。

　　　考え方は、Q 249と同じである。義務者の基礎収入を、義務者と三人の子の生活費指数（権利
者の子以外の指数は、その親の収入により修正したもの）で按分して、権利者の子に割り振ら
れる生活費を算出し、これを権利者と義務者の基礎収入で分割する。

Q253 権利者には、義務者との間の子のほかに監護すべき子がいるが、養育費の算出においては、この場合でも、義務者の収入から子に割り振られる生活費を権利者と義務者の基礎収入で分割するか。

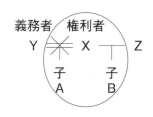

基礎収入で分割する。養育費は、子が義務者と同居したと仮定して、その場合に義務者の収入から子に割り振られる生活費を権利者と義務者とで分担するが、分担は、権利者・義務者が生活費とすべき部分の比ですると考えると、権利者に扶養すべき子がほかにもいる場合には、権利者の生活費とすべき部分は減少する。しかし、義務者についても、その被扶養者の数とは関係なく、基礎収入によって分担するので（Q249）、権利者についても同様に扱う。

Q254 養育費の分担を求める権利者には、義務者との間の子のほかに監護する子がおり、その父から、養育費の支払がある。この支払額は、権利者の収入に加算すべきか。

加算の必要はない。その養育費は、義務者との間の子以外の子の生活費とするためのもので、義務者との間の子の生活費とすることは予定されていないので、これを考慮する必要はない。

（義務者の再婚・考え方）

Q255 義務者が再婚し、再婚相手との間に子が存在する場合、前婚の子の養育費はどのように計算するか。

1 養育費分担の原則は、義務者の基礎収入の内から子に割り振られる生活費を権利者と義務者が収入によって分担するという方法による（第1 2(2)）。そこで、義務者の基礎収入を、義務者の収入で生活する者で按分する。

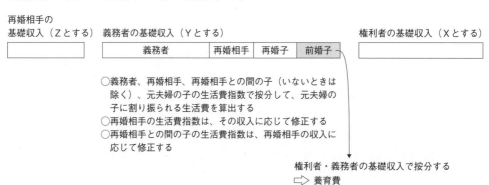

2 敷衍すると、

① 再婚相手に収入、稼働能力がなければ、再婚相手は義務者の被扶養者になる。

この際、再婚相手の生活費指数は、62（松本の立場では59）となる（Q90）。100でないのは、再婚相手は、義務者の世帯に含まれるので、世帯に割り振られる基準生活費を加算しないからである。

②　再婚相手が、自己の生活費を賄う程度のものがあれば、再婚相手の生活費指数はゼロとする。

③　再婚相手の収入が自己の生活費を賄う程度に至らない場合、多少でも収入があれば、義務者の再婚相手に対する扶養義務は減少するから、再婚相手の生活費指数を逓減する。指数は、その生活費指数62（又は59）に「自己の生活費を賄う程度の額（ただし、基礎収入）」を分母とし、「再婚相手の基礎収入」を分子とする分数を乗じた数値とする。

④　再婚相手の収入が自己の生活費を賄う程度の額を超える場合、再婚相手の収入が義務者と再婚相手との間の子の生活費にまわることになるので、その子の指数も、再婚相手の収入に応じて低減するはずである。再婚相手との間の子に割り振られる生活費は、義務者と再婚相手とがその収入に応じて分担する関係にあるので、その子の生活費指数は、基礎収入の比で修正する。すなわち、その子の指数は、その子の生活費指数62又は85に、「義務者の基礎収入＋再婚相手の基礎収入（ただし、自己の生活費を賄う程度の額を控除したもの）」を分母とし、「義務者の基礎収入」を分子とする分数を乗じた数値とする。分母の再婚相手の基礎収入を「自己の生活費を賄う程度の額を控除したもの」とするのは、これを超える場合のみ、生活費指数を減じるからである。

⑤　元夫婦の子の生活費指数は、子に割り振られる生活費を算出後に権利者、義務者の収入によって分担するので、修正しない。

3　そこで、自己の生活費を賄う程度の額がいくらになるかが問題となるが、この額は、再婚相手の収入をゼロとした場合に義務者の収入から再婚相手に割り振られる額を基準とするのが、私見である（松本176頁）。

　　自己の生活費を賄う程度の額をいくらとするかについては、別の見解もあるかも知れないが、いずれにしても、自己の生活費を賄う程度の額を算出して、これにより再婚相手、その間の子の生活費指数を修正するのは、計算が面倒であり、実際的でない。

4　そこで、再婚相手に収入がある場合の簡易な方法として、再婚相手と義務者の各収入の合計を義務者の収入とする方法が考えられる。

　　すなわち、再婚相手の収入と義務者の収入を合計し、その合計から基礎収入を算出し、これを義務者（100）、再婚相手（62又は59）、再婚相手との間の子（62又は85）、前婚の子（62又は85）の修正しない生活費指数で按分して、これによって得られた子に割り振られる生活費を権利者・義務者の基礎収入で按分する。

　　算定表を利用する場合は、再婚相手と義務者の各収入の合計を義務者の収入とし、再婚相手を14歳までの子とみなして得られた養育費を生活費指数で分割する。

　　この方法は、分担の原資は増加するが、分担の分母が、前記2より大きくなるので、再婚相手の収入が多額の場合には、誤差が大きくなる。

（義務者の再婚・実務・再婚相手との間に子がいない場合）

Q256　義務者が再婚し、再婚相手との間に子がいない場合、実務では、前婚の子の養育費をどの
　　　ように計算するか。

①　再婚相手に収入及び稼働能力がなければ、再婚相手を14歳までの子と同様に扱い、算出す
る（岡健太郎「養育費・婚姻費用算定表の運用上の諸問題」判例タイムズ1209号7頁（2006）、松谷佳樹「第
3回　婚姻費用・養育費の調停・審判事件の実務」法曹時報66巻6号54頁（2014））。

②　再婚相手の収入が自己生活を賄う程度にあれば、再婚相手はいないもの（生活費指数ゼロ）
と扱う（前掲岡8頁、前掲松谷55頁）。

③　再婚相手の収入が少額である場合には、再婚相手の収入を義務者の収入に加算して、①と
同様に算出する（前掲岡8頁）。

④　再婚相手の収入が少額でない場合の扱いは、確定していないが、再婚相手の収入が自己生
活を賄う程度に至らない場合は、①の方法による額と②の方法による額の間で定めることに
なろう。再婚相手の収入が自己生活を賄う程度の収入は、概ね、義務者の収入に（100＋62＋
62）分の62を乗じた額である（松本176頁）。

（義務者の再婚・実務・再婚相手との間に子がいる場合）

Q257　義務者が再婚し、再婚相手との間に子がいる場合、実務では、前婚の子の養育費をどのよ
　　　うに計算するか。

Q256と同様である（前掲岡8頁）。

①　再婚相手に収入及び稼働能力がなければ、再婚相手を14歳までの子と同様に扱い、算出す
る。

②　再婚相手の収入が自己生活を賄う程度にあれば、再婚相手はいないもの（生活費指数ゼロ）
と扱う。無職でも稼働能力があれば、自己生活を賄う程度の収入はあるものと扱う（Q258）。

③　再婚相手の収入が少額である場合には、再婚相手の収入を義務者の収入に加算して、①と
同様に算出する。

④　再婚相手の収入が少額でない場合の扱いは、確定していないが、再婚相手の収入が自己生
活を賄う程度に至らない場合は、①の方法による額と②の方法による額の間で定めることに
なろう。

⑤　再婚相手の収入が自己生活を賄う程度を相当超えるときの扱いも確定していないが、これ
を超える額が少ないときは、考慮せず、再婚相手の収入が義務者の収入を超える場合には、
指数を2分の1程度とすることになろう（松本176頁の方式では2分の1を下回る。）。

Q258　再婚相手の収入が不明の場合や著しく少ない場合、原則的に、自己の生活を賄う程度の収
　　　入はあると扱えないか。

　　無職の場合であっても、収入を稼働能力によって認めることは可能であり、その場合、賃金
センサス等により年額120万円程度の収入を擬制することは多いところ、義務者の収入が400万

〜500万円程度の場合、未成年者の人数にもよるが、自己生活を賄う程度の額は、100万円台となる。これからすれば、再婚相手が無職でも、その収入を、自己生活を賄う程度の額とすることはできよう。その収入が、不明であったり、非常に少ない場合も、同様に、稼働能力から、その額を、自己生活を賄う程度の額とすることは不合理でない。子の年齢が6歳を超え、収入が90万円程度の再婚相手について、自己生活を賄う程度の収入を得ることは可能とした裁判例がある（広島高決令元・11・27家判27・44）。

13　事情変更

（事情変更の要件）
Q259　事情変更が認められる場合は、どのような場合か。

　　①従前の合意や審判（以下、この項において「合意等」という。）の前提となっていた客観的事情に変更が生じたこと、②その事情変更を予測できなかったこと、③事情変更が当事者の責めに帰すことができない事由によって生じたこと、④合意どおりの履行を強制することが著しく公平に反することが必要であり（松本194頁）、さらに、手続上の要件として、事情変更の申立てが信義則に反しないことも必要である。

Q260　事情変更事由は、合意後に生じたものに限られるか。

　　原則は合意後のものに限られるが、合意当時、当事者が知り得なかった事情が、合意等の後に判明した場合は、これを事情変更とすることができる（松本195頁、於保不二雄＝中川淳編『新版注釈民法〈25〉親族(5)（改訂版）』806頁（有斐閣、2004））。

Q261　予測可能な事実は全て事情変更とならないか。

　　予測は可能でも、不確定であり、合意等の前提にできないものは除かれる。例えば、子が大学に進学するという事柄は、実際に、入学する段階にならないと、これを前提にできない場合がある。

Q262　予測が可能とされる従前事実が、当事者間の合意である場合と審判の場合で異なることがあるか。

　　当事者間の合意では、実現がある程度不確定な事実であっても、これが実現するものとして合意をすることはできる。例えば、子の進学を前提にその学費を加算して分担額の合意をする場合がある。しかし、審判では、不確定の事実は、これが実現するまで前提にできない。

（定年退職）
Q263　義務者が合意の10年後に定年退職した場合、事情変更事由となるか。

　　合意の時に予測でき、合意の前提とできる事実は、これが生じたとしても、通常、事情変更

事由とはならない。定年退職は、その時期が確定しているから、定年退職そのものは、予測できるが、退職が、養育費等の合意の変更事由となるのは、これにより収入が変更するからである。定年退職の場合、その時期が10年も先の場合、退職後の再就職等による稼働状況、収入の状況は、必ずしも明確ではない。そうであれば、定年後の収入減を想定して合意すべきであったとは必ずしもいえない。収入減の程度によっては、事情変更となり得る（広島高決令元・11・27家判27・44）。

（収入増減）

Q264　合意後、働き方改革によって残業が少なくなり、収入が減少した。減額事由となるか。

　　残業の増減は、通常あり得ることであり、予測可能なものとされ、これによって事情変更が認められることはほとんどない。ただし、就職先による予測不可能な就業態勢の変更によって著しい収入の減少が生じ、これが今後も継続するような場合は、他の事情を考慮し、事情変更と認めることができる場合もあろう。

（権利者の収入増）

Q265　合意後、権利者の収入が増加したが、権利者の収入増加は権利者の努力の結果であり、これによって義務者の分担額を減少させるという利益を与える必要はないのではないか。

　　権利者義務者の双方が、その収入に応じて公平に負担すべきであるから、権利者の収入が増加すれば、その増加した額を基準に費用を分担することとなる。

Q266　合意時は無職であり、子も幼いので、無収入として分担額を決めたが、権利者が子を保育所に預けて働き始めた。これを養育費減額事由とできるか。

　　就職の態様、収入額によるが、通常は、予測の範囲であって、事情変更とすることはできない。

（子の成長）

Q267　子が13歳の時、養育費を取り決めたが、子が15歳となった。養育費の増額を求めることができるか。

　　合意時に、子が15歳となることは予測できることであり、15歳になるまでの期間もそれほど長くはないから、これを想定した条項を定めておくべきであったが、15歳になったときを想定して合意することが困難なときもある。予測できても、合意の前提とできなかった事情は、これが生じたときには、事情変更事由とすることは可能であるし、義務者が合理的な理由もなく15歳になったときの増額に応じない場合に15歳となった時点で増額が求められないのはおかしいから、養育費の増額を求めることができることは多かろう。

（予定の進学中止）

Q268　子が大学に進学するというので、これを前提に養育費の合意をしたが、子は進学しなかった。この場合、養育費の減額を求めることができるか。

　　　一応、合意の前提とした事実に変更があるということができるであろう。ただし、予測の可能性や子の現状等によって、減額が認められない場合もある。

（一括払い）

Q269　一括払いで養育費を受領したが、子が私立の高校に入学したので、追加の養育費の支払を求めることができるか。

　　　権利者は受領した養育費を計画的に使用して養育すべきであり、その養育は資力の範囲で行うべきで、適切に使用すれば子に高等教育を受けさせることも可能であったような場合には、追加の養育費を求めることはできない（東京高決平10・4・6家月50・10・130）。ただし、当初の算定の際の前提として、高等教育を受けることは予定されていなかったが、予想外の事実として、子が進学した場合には、増加した費用分の支払を求めることができる場合はある。

（認　知）

Q270　婚姻中、義務者が婚外の子を認知した。事情変更を認めて、婚姻費用を減額できるか。

　　　婚姻費用の合意後、比較的近い時期に認知したのであれば、予測の範囲内であろうし、そうでないとしても、婚姻中に不貞の関係から生じた子であれば、信義則上、事情変更は認められない。

Q271　認知が、強制認知である場合、事情変更を認めて、婚姻費用を減額できるか。

　　　認知が強制認知であっても、任意の認知と異ならない。

Q272　婚姻中の婚外子であっても、子には親の不貞の責任はないので、その監護費用を確保するために、事情変更を認めるべきではないか。

　　　養育費分担義務は、義務者と権利者との法律関係であり、婚外の子に責任があるかどうかは、直接の関係はない。ただし、義務者及び婚外の子の母の収入等が少なく、子の養育に支障が生じるような場合、権利者側の収入等を勘案し、減額を考慮すべき場合があるかもしれない。

（義務者の再婚）

Q273　義務者が、離婚及び養育費の合意後の3か月後に再婚し、再婚相手は無職であるとして、養育費の減額を求めてきた。減額は認められるか。

　　　合意後3か月後に再婚したとの事実からは、合意時には、義務者は再婚相手と交際していたこ

とが推認される。合意時に交際していたのであれば、その後の再婚は予測の範囲内である。したがって、事情変更といえず、減額は認められない。

　また、義務者が前合意のときに再婚予定であることを秘し、再婚後には減額請求をするという意図を持っていた場合などは、減額請求は、信義則に反するものであり、申立て自体が不適法とされる場合もある。

Q274　Q273の例で、再婚が12か月後であればどうか。

　前合意の時に再婚が予測できるものであれば、Q273と結論は変わらないが、合意後に知り合って婚姻に至ったのであれば、事情変更が認められる場合もある。一般的には、知り合ってすぐに婚姻するということは少ないから、前合意の時は付き合っていたということはできるであろう。この場合、義務者において、再婚を想定するような付き合いではなかったということの立証を要するといえる。

Q275　義務者は、離婚及び養育費の合意後の3か月後に再婚し、12か月後に実子が生まれたとして、養育費の減額請求をしたが。

　再婚、子の出生とも、予測の範囲といえる。したがって、事情変更は認められないので、減額請求は認められない。ただし、出生した子には責任はないので、その監護費用は確保すべきであるとの立場から、子の出生は事情変更となるとの考え方もあるが、実際に子の監護に支障が生じる場合以外は、事情変更を認めることはできない。したがって、減額請求は認められない。

Q276　義務者は、再婚相手と深い交際をしていたが、これを秘して離婚し、養育費の支払も約した。その後、2年経って、再婚相手との間に子ができたことから、再婚して、事情変更を理由に養育費の減額請求をしたが。

　養育費の合意時には再婚が予想されるから、再婚は事情変更とすることはできないが、子の出生は、事情変更となる。ただし、子の出生自体は予想の範囲で、出生の時期が早いか遅いかは関係がないという見方もある。

Q277　従前合意後短期間で再婚し、かつ、再婚相手の子を養子とした場合、5年後に養子が高校に進学した場合、これを理由に減額請求できるか。

　事情変更という視点からは、再婚も養子縁組も事情変更とすることはできず、養子の成長による生活費の増加も養子縁組が前提となっていることからすれば、事情変更とはできないといえる。しかし、養子の監護に支障が生じるような場合に、養子と前婚の子の格差を長期間固定することには問題もある。他に、変更事由（例えば、前婚の子の進学等）がある場合には、これを機会に格差を是正することもあってよい（松本230頁）。

（権利者の再婚と養子縁組）

Q278　子が権利者の再婚相手と養子縁組した場合、非監護親である実親の養育費分担義務は消滅するか。

　　　養親が子に対する扶養義務を十分に履行できる場合は、原則として、実親の扶養義務は消滅する（Q62）。養親の扶養義務は、権利者と養親の収入を合計して考慮する。

Q279　子が権利者の再婚相手と養子縁組した場合、非監護親である実親の養育費分担義務が消滅しないのは、どのような場合か。

　　　養親世帯において子の扶養義務が十分に果たせない場合である（松本181頁）。養親世帯の収入が最低生活費を超えないときは、この場合に当たる。ただし、最低生活費を基準とすると低すぎるとして、これより高い値を基準とする場合もある。また、義務者である実親世帯の収入に余裕がある場合には、養親世帯の収入を勘案して、あるいは、その収入にかかわらず、ある程度の分担を認める考え方もある（松本181・185頁、菊池絵里＝住友隆行「婚姻費用・養育費事件における実務上の問題－家事抗告審の最近の実務から－」家庭の法と裁判22号31頁（2019））。

Q280　子が権利者の再婚相手と養子縁組をすることが養育費についての合意時に予測されていた場合でも、養子縁組は事情変更となるか。

　　　合意が、養子縁組がされることを前提としていれば、変更事由とはならないし、養子縁組の蓋然性が高かった場合にも、これを前提として合意すべきであったといえるから、変更事由とはならない。

（養子縁組の解消）

Q281　権利者は再婚し、その際、子と再婚相手とが養子縁組をしたが、その後、離婚し、養子縁組を解消した。実親の養育費分担義務はどうなるか。

　　　離縁の段階で、実親の扶養義務は第1次的なものに復するので、分担義務はある。

Q282　権利者が再婚して子と再婚相手とが養子縁組をしたが、養育費が減額されると聞き、これを避ける目的で養子縁組を解消した場合、養育費は、養子縁組がされていないとの前提で算出すべきか。

　　　再婚は維持され、子は権利者及び再婚相手と同居している場合、離縁は、仮装ともいうべきであり、特段の事情がない限り、信義則から、離縁はされなかったものと扱われることとなる。

Q283　権利者は再婚し、その際、子と再婚相手とが養子縁組をし、その後、離婚したが、養子縁組は解消していない。実親の養育費分担義務はどうなるか。

　　　養子縁組が解消されていない以上、第1次的に扶養義務を負うのは、養親であり、実親の扶養

義務は、2次的なもののままである。

Q284　権利者が再婚し、子が再婚相手と養子縁組したが、その後、離縁した。義務者が子の養子
　　　縁組前にした養育費に関する合意の効力はあるか。

　　子の養子縁組前の合意は、これに解約・変更がない限り、現に効力を有する。養子縁組をし
たという事実だけで、その効力を失うものではない。

Q285　義務者は、権利者が再婚し、子が再婚相手と養子縁組したが、その後離縁したという事実
　　　を知らず、従前の合意に従って、養育費の支払を続けた。養子縁組期間中の養育費の支払
　　　は、権利者の不当利得となるか。

　　ならない。養子縁組期間中の支払も、従前合意は有効であって、法律上の原因があるからで
ある。

（権利者が再婚したが、子の養子縁組はしていない場合）

Q286　権利者が再婚し、子は、権利者及び再婚相手と同居している場合、再婚相手が裕福で、子
　　　の養育費用を負担しているとき、義務者の養育費を減額することができるか。

　　原則的にはできない。再婚相手には、子を養育する義務はないからである。ただし、子が事
実上の養子となっており、義務者の収入が低く、再婚相手との格差が大きく、再婚相手から権
利者への生活費等の給付が十分にされ、義務者からの給付がなくても、子の監護に支障がない
場合、再婚相手から権利者への婚姻費用の支払を権利者の収入と見て、養育費を減額するとい
う例がないではない。

（適正でない額の合意）

Q287　義務者が離婚を急ぐあまり権利者の言うままに養育費の支払を約したが、支払えなくなっ
　　　て、減額を申し立てた。減額できるか。

　　事情変更はないから、原則、減額できない（松本215頁）。

Q288　権利者が離婚を急ぐあまり義務者の言うままに養育費の請求はしないとの約束をした場
　　　合、養育費の支払を求めることはできないか。

　　子の扶養請求権は子に属するものであるから、親権者もこれを放棄することはできないが、
子の養育費の分担は、両親間の、子の監護費用の分担の問題であり、これを両親の一方のみが
負担するとの合意も、自由な意思でされる限りは、有効である。したがって、養育費の支払を
求めないと合意した以上は、その変更を可能とする事情がない限り、請求できない（松本7・215
頁）。ただし、その合意内容が不当なもので、子の利益のために変更が必要である場合は、合意
の変更を求めることが可能というべきである。

（合意時の不誠意）

Q289 合意後、義務者が収入を著しく低く欺いていたことが判明した。この場合、事情変更を理由に、増額を求めることができるか。

　　事情変更の問題ではないが、合意は、詐欺又は錯誤によって取り消される関係にあるから、改めて、分担額を定めることができる。

Q290 合意後、権利者がその収入を秘していたことが判明した。義務者は、支払った額について不当利得として返還を求めることができるか。

　　合意が有効なままでは、不当利得は成立しない。

Q291 義務者は、Q290の場合に、事情変更を理由に、減額を求めることができるか。

　　事情変更の問題ではないが、合意は、詐欺又は錯誤によって取り消される関係にあるから、改めて、分担額を定めることができる。

（適正でない額の審判）

Q292 婚姻費用分担について審判があり、これに基づいた支払がされてきたが、当事者がその収入を秘したことなどから、審判の定めた婚姻費用の額が適正な額でない場合、他方当事者は、財産分与において清算を求めることができるか。

　　婚姻費用分担を定めた審判に既判力はないから、後の裁判所を拘束しないので、後に財産分与を担当した裁判所が婚姻費用について一方が過当に負担していると認めれば、財産分与において清算がされる場合もあろう。

（減額の始期）

Q293 減額を認める場合、減額の始期はいつとなるか。

　　分担の申立てをした場合の始期は、請求時である（Q18・Q46）ことから、これとの均衡もあり、原則は、変更請求時である。

Q294 子が義務者の知らないうちに権利者の再婚相手と養子縁組をしていた場合、減額の時期は、いつか。

　　養子縁組の事実を知らないと減額請求をすることはできないから、公平の観点から、減額時期は養子縁組時まで遡る場合もある（松本221・222頁【裁判例120】）。

Q295 子が進学するということで、進学を前提に養育費の合意をしたが、子は、進学せず、就職もしていない。進学しなかった時点に遡って減額できるか。

　　減額事由があるとしても、原則的運用は、請求時からである。ただし、事案によっては、遡

及する余地がないわけではない。

（変更後の額の計算方法）

Q296　事情変更が認められる場合、変更後の額はどのように計算するか。

　　　次の手順による（松本224頁）。

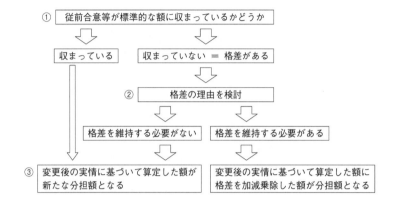

（変更後の算定の前提とする事実）

Q297　変更後の実情に基づいて算定する場合、算定の前提とする事実は何か。

　　　現実には変更が生じていても、変更事実とされない事実は、前提としない。例えば、義務者が再婚した場合に、再婚は事情変更とできないが、子が出生したことは事情変更とできるという場合（Q276）、事情変更後の算定においても、出生した子は被扶養者とするが、再婚相手は被扶養者とせずに算出する。

Q298　義務者が減額すべき事情変更として、義務者の収入減少と、権利者の収入増加を主張したが、収入減少は事情変更と評価できず、権利者の収入増加は事情変更と評価できる場合、新たな算定では、義務者の収入減少を考慮できるか。

　　　積極、消極両方の考え方がある。収入減少を事情変更と評価できない理由が、予測の範囲であるという場合には、その事情は従前の合意等の前提として考慮済みなので、原則は、予測の範囲外の事情のみを考慮することとなるが、事案により、現時点の実情により、公平の視点から、義務者の収入減をも考慮する場合もあり得る。

Q299　義務者が、減額すべき事情変更として、残業手当の減少、権利者の収入増加を主張した場合、個々の事情はそれ自体では、減額変更するほどの増減額ではないが、双方を考慮して計算すると、従前の額の2割程度の減額となる場合、減額することとなるか。

　　　残業手当の減少は、予測の範囲であれば事情変更事由とはならないので（Q264）、権利者の収入増加のみを事情変更事由として見ることになり、これも事情変更する程度の増額でないとすると、減額変更は認められないということになる。ただし、分担額の多寡や残業手当の額が

　　回復する余地が全くないという事情がある場合など、個別の事案により、公平を考慮して、双方を考慮した計算結果から、事情変更を認める場合もあろう。

（格差がある場合の考慮方法）

Q300　従前の合意等に標準的な額との格差が認められ、これを維持すべき理由がある場合、これをどのように考慮するか。

　　方法としては、格差（標準的な額との差額＝固定値）を新たに標準算定方式で算定した額に加減する固定値加減方式と、格差の従前の標準的な額に対する割合（＝乖離率）を新たに標準算定方式で算定した額に乗除する乖離率乗除方式がある。どちらを採用するかは、格差を設けた理由を考慮して具体的な事例に応じて選択する。

Q301　従前の合意は、標準的な額よりも相当程度低い額であった。その理由は、義務者に債務があって支払えないということで、権利者が譲歩したものであった。義務者は、現在も債務が減っていないので、額を低くするように求める。格差を維持すべきか。

　　維持すべきでない。従前の合意は、温情的なものであって、合理的理由があるとはいえないからである。

Q302　義務者の扶養家族に未成熟子が加わったことを理由に、養育費の減額請求が認められるが、従前合意に標準的な額との格差があり、これを維持すべき場合、義務者の扶養家族に加わった未成熟子との間に不公平は生じないか。

　　格差分を前婚の子についてだけ加算すると新たに義務者の扶養家族となった子との間に不公平が生じる。そこで、格差として加算する部分を、義務者の子を含む子らの生活費指数で按分した例がある（松本226・227頁【裁判例123】・228頁【裁判例124】）。

Q303　従前の合意等が算定表の上限の額を分担額としている場合、変更後の実情に基づいて算定表により算出する場合は、その枠内の上限とすべきか。

　　原則的には、標準的な額として算出されており、格差はないと考え、事情変更後の実情に基づき、算定表の枠内で相当と考えられる額とすればよい。ただし、従前の合意において算定表の枠内の上限を採った理由が現在も存続している場合は、その事情をも考慮して相当な額を判断することとなる。

Q304　兄弟二人の養育費について、義務者は、兄について標準的な教育費を超える部分を追加して分担することとなった。これにより、弟の養育費は影響を受けるか。

　　追加する教育費の負担は親のみの責任であり、影響を受けない。

Q305 兄弟二人の養育費について、兄が15歳になったことを理由に増額請求がされ、これに理由がある場合、弟の養育費は影響を受けるか。

影響を受ける。義務者の基礎収入を按分する生活費指数が変わるからである。しかし、増額請求が兄についてのみ申し立てられているとき、当然に弟の養育費を減額変更できるとすることについては、問題があるので、手続的には、義務者からの弟についての適正な額への変更申立てを待って処理するのがよい。

（減額によって生じた過払の清算）

Q306 分担額が遡って減額される場合に、過払が生じる場合があるが、この過払額はどのように扱うか。

考え方としては、①その清算は別途当事者に任せ、考慮しないとする方法、②今後の支払額で考慮する方法などがある。調停では、①の考慮しないとする方法は、紛争を後に残すので好ましくない。②の今後の支払において考慮する方法では、過払分を全額清算後から今後の支払を始めるという方法と、分割して、毎月一定額を分担額から減らすという方法がある（松本234頁）。後者の変形として、分担額の支払の額は変更せず、別に、権利者に、清算額を分割払いさせるという方法も用いられている。

Q307 分担額が遡って免除された結果生じる過払額について、家庭裁判所において返還を求めることができるか。

支払われた額を将来の分担額と考えるとしても、将来の分担義務がゼロであれば過払金は不当利得となるので、その返還は、民事の不当利得返還請求と考えることになり、家庭裁判所ではなく、地方裁判所の管轄となるが、免除の判断と同時に審判をする場合は、相手方に返還を命じることができるとの見解もあろう（家事75）。

Q308 分担額が遡って免除された結果、過払額が生じたが、その額を子の塾代として費消してしまった場合、返還を免れることができないか。

減額事由たる事情変更の事実が生じたことを非監護親に告知しなかったとしても、悪意の受益者と扱うことにはならない。しかし、支払を受けた養育費が現存していないとしても、現存利益がないとして、返還義務を免れるということにはならないであろう。

Q309 子が監護親の再婚相手と養子縁組をしたが、その後、離縁した場合、実親から事情変更による減額請求がされた場合、養子縁組の事実は事情変更事由となるか。

事情変更事由の有無は、原則として、申立時点の実情が基準となるが、公平の観点から遡及が認められる場合には、過去の実情の変化も考慮事項となる。養子縁組がされた期間の実親の分担義務も考慮して、変更事由の有無及び変更額が判断されることとなる。

14　調停調書の記載

（合意事項の範囲）

Q310　調停条項に婚姻費用又は養育費と直接関係のない事項を加えてよいか。

　　　全く無関係の事柄は避けるべきである。しかし、住宅ローンの支払、財産分与の際の婚姻費用の清算方法などは、無関係な事項といえないし、当事者の債務の支払に関する事項も許される。

Q311　婚姻費用の分担に関して合意ができたが、これを解決金として支払うとの条項とすることは適切か。

　　　婚姻費用などの扶養義務等に係る定期金債権については、強制執行法において執行を容易にするための特例（民執151の2）が設けられているところ、その適用を受けるためには、請求権の性質が扶養義務等に係る定期金債権であることを明らかにしておく必要がある。そこで、条項は、婚姻費用であれば、婚姻費用として支払うと記載すべきであり、解決金と記載するのは、好ましくない。

（条件付きの条項）

Q312　養育費等の支払について、権利者が義務者と子との面会交流に応じることを条件とするとの条項は許されるか。

　　　調停条項として不適切である。

（支払時期）

Q313　義務者の収入が、1年のうち、一定の時期に偏る場合（例えば、収穫期）、支払時期をその時期にすることは可能か。

　　　合意であれば不可能ではないが、婚姻費用、養育費とも、各月に必要なものであるから、各月に支払うこととするのが望ましい。ただし、一部をボーナス時期にするなどのことは、行われている。

（終期の記載）

Q314　家庭内別居の終期はどのように記載するか。

　　　「生計を一にする日まで」とする（松本241頁）。

Q315　養育費の終期を、満20歳に達する月までとする場合と、満20歳に達する日の属する月までとする場合とは、どのように違うか。

　　　満20歳に達する月は、満20歳に達する日の属する月を意味するから、これと同じである。

（2月29日生まれ）

Q316　2月29日生まれの人が20歳に達する日はいつか。

　　　年齢の計算は、年齢計算ニ関スル法律により、出生の日が起算日となり、閏年の2月29日に生まれた人は、2月28日に年齢を加える。したがって、2月29日生まれの人が満20歳に達する日は20年後の2月28日である。

（1日生まれ）

Q317　1日生まれの人が満20歳に達する月はいつか。

　　　20回目の誕生日の前の月である。平成元年4月1日生まれであれば、平成21年3月となる。

（終期の記載）

Q318　婚姻費用分担事件の調停条項に終期の記載がない場合、支払義務はいつまであるか。

　　　婚姻費用は婚姻関係の存続を前提とするので、婚姻関係の終了により、以後の支払義務は消滅する（最判昭46・9・21家月24・3・63）。

Q319　当事者から調停調書に誤りがあるとの申入れがあった場合、裁判所はどうするか。

　　　調停調書に計算違い、誤記その他これらに類する明白な誤りがあるときは、家庭裁判所は、申立てにより又は職権で、いつでも更正決定をすることができる（家事269①）。当事者の申立てが、この要件に該当するときは、更正決定をする。これに該当しない場合は、当事者において、再度、調停の申立てをして協議するなどの方法を採るほかない。

Q320　調停が合意に達し、調書が作成されたが、義務者が支払うべき月々の金額に誤りがあった。条項の清書の際に誤記したものであるが、当事者への読み聞けは、誤った金額でされ、調停委員はこれに気づかず、調停調書が当事者に送られて、権利者が、金額が低いと気づいて訂正を申し立てた。訂正可能か。

　　　合意の際の原稿と異なっており、双方当事者も誤りと認めるときは、更正決定で足りよう。

Q321　過去の調停や公正証書等で定められた婚姻費用等の額を変更する場合に、条項の記載上、注意すべきことはあるか。

　　　過去の調停の調停調書や公正証書等の執行力（債務名義）と競合しないようにする必要がある（松本248〜258頁）。

15　その他

（審判前の保全処分）

Q322　婚姻費用分担調停、養育費請求調停において、審判前の保全処分の申立てができるか。

　　　できる。ただし、夫婦関係調整調停ではできない（家事105①）。

（暫定支払の合意）

Q323　保全処分ではなく、暫定支払の合意をすることがあるか。

　　　保全処分では、紛争を激化させることもあるので、事件が長引きそうな場合には、暫定的に義務者が支払可能な額を支払うとの合意がされることは多い。合意形成への一つの過程になり、後にその額より多額に確定した場合の清算の負担も小さくなるので、推奨される（松谷佳樹「第3回　婚姻費用・養育費の調停・家事事件の実務」法曹時報66巻6号65頁（2014））。

（合意に代わる審判）

Q324　どのような場合に合意に代わる審判を利用するか。

　　　調停期日に相手方が欠席を続けているが、養育費等の金額自体については特段の異論がないと考えられる場合、小さな金額の差によって合意できない場合、当事者が積極的に合意することはできないが算定表の範囲であれば仕方ないと考えている場合などである（前掲松谷62頁）。

（履行勧告）

Q325　履行勧告はどの裁判所に申し立てるか。

　　　義務を定めた裁判所である（家事289①⑦）。申立ては、電話でも可能である（裁判所職員総合研修所監修『家事事件手続法下における書記官事務の運用に関する実証的研究―家事調停事件及び別表第二審判事件を中心に―』578頁（司法協会、2018））。

（履行命令）

Q326　履行命令はどの裁判所に申し立てるか。

　　　義務を定めた家事事件手続法39条の規定による審判又は調停若しくは調停に代わる審判をした家庭裁判所である（家事290①③。抗告の場合は、家事289①）。なお、申立ては、書面による。

Q327　婚姻費用や養育費については、直接強制が可能であるのに、間接強制が認められるのはなぜか。

　　　婚姻費用や養育費などの扶養義務に係る金銭債権の実現は、債権者の生計の維持に不可欠であり、強制執行をすることができることとする必要性は高いが、直接強制をすることには躊躇せざるを得ない場合もある。債務者の給料を差し押さえる等の直接強制による強制執行は、継

続的な給付を受けていない債務者に対しては実効性が乏しい上、給料を差し押さえてしまうと養育費等の不払の事実が勤務先に判明して債務者が勤務先に居づらくなって辞職したり、失職するというおそれがあったりするからである。そこで、平成16年の民事関係手続の改善のための民事訴訟法等の一部を改正する法律（平成16年法律152号）において、扶養義務等に係る金銭債権について間接強制の方法による強制執行ができるものとされた（民執167の15①。小野瀬厚＝原司編著『一問一答　平成16年改正民事訴訟法・非訟事件手続法・民事執行法』149頁（商事法務、2005））。

> **Q328**　義務者が勤務先を退職して無職となり、養育費等の債権について直接強制をすることができないので間接強制をしたいが、可能か。

　　扶養義務等に係る金銭債権についての間接強制は、債務者が支払能力を欠くためにその債務を弁済することができないとき、又はその債務を弁済することによってその生活が著しく窮迫するときはすることができない（民執167の15①ただし書）。したがって、債務者が無職となって、支払能力を欠くに至ったり、その債務を弁済することによってその生活が著しく窮迫するときは、間接強制をすることができない。

> （間接強制）
>
> **Q329**　間接強制とはどのような方法か。

　　間接強制とは、債務者が債務を履行しない場合に、申立てにより、裁判所が債務者に対し一定の金銭の支払を命じることにより、債務者に心理的強制を加え、債務者の債務の自発的履行を促す強制執行である。

> （義務者の破産）
>
> **Q330**　婚姻費用分担請求の調停中に義務者が破産の申立てをし、破産手続開始決定がされた。手続は、どのような影響を受けるか。

　　破産手続開始前の期間の婚姻費用は、未だ具体的権利としては形成されていないが、条件付権利に類する権利として破産債権となる（森宏司「家事調停・審判手続中の当事者破産」高橋宏志ほか編『伊藤眞先生古稀祝賀論文集　民事手続の現代的使命』1168頁（有斐閣、2015））。そこで、申立人は、破産債権として届け出ることが可能であり、その場合、破産管財人が異議を述べると、調停手続に破産管財人等が加わることとなる。しかし、破産債権として届け出ても、配当額は多くはないといえることに加え、破産手続開始前の期間の婚姻費用も、自由財産からの支払を求めることは可能であるし、この点は、婚姻費用分担債権は非免責であるから、相手方にとっても、特段の不利益はない。そして、破産手続開始後の婚姻費用は、自由財産から支払わなければならないので、破産債権の届出はせず、破産者を相手方として、調停を進めることが、多いといえる。

別紙1　職業費

（資料1）平成25〜29年　職業費の実収入比の平均値
　　　　家計調査年報第2−6表　年間収入階級別1世帯当たり1か月間の収入と支出
　　　　（全国・二人以上の世帯のうち勤労者世帯）

（単位：円）

職業費項目	平均	年間収入階級						
		200万円未満	250万円未満	300万円未満	350万円未満	400万円未満	450万円未満	500万円未満
実収入（注1）	525,962	148,113	231,167	255,873	289,452	308,539	350,865	374,178
被服及び履物（注2）	6,811	2,098	3,471	3,330	3,447	3,676	4,336	4,767
交通	6,914	1,736	2,490	2,918	3,025	3,126	4,090	4,013
通信	8,184	4,843	6,024	6,685	6,367	6,772	6,912	7,188
書籍・他の印刷物	1,715	801	1,134	1,189	1,083	1,219	1,234	1,303
諸雑費	24,276	7,589	13,618	15,951	18,814	16,841	18,340	19,505
こづかい	13,846	1,333	5,455	5,613	8,157	7,755	9,951	10,218
交際費	18,419	6,070	9,644	10,162	11,109	12,299	13,103	14,145
合計	80,164	24,471	41,836	45,847	52,002	51,688	57,966	61,139
職業費実収入比	15.24%	16.52%	18.10%	17.92%	17.97%	16.75%	16.52%	16.34%

職業費項目	年間収入階級						
	550万円未満	600万円未満	650万円未満	700万円未満	750万円未満	800万円未満	900万円未満	1000万円未満
実収入	402,647	436,318	479,157	508,814	539,588	572,175	620,802	689,347
被服及び履物	4,817	5,408	6,051	6,459	6,464	7,574	8,229	9,341
交通	4,364	4,802	5,694	6,265	7,034	8,172	8,403	10,146
通信	7,338	7,834	7,673	7,923	8,379	8,671	9,220	9,660
書籍・他の印刷物	1,332	1,461	1,510	1,749	1,684	1,892	2,000	2,220
諸雑費	20,223	21,886	23,232	23,711	23,938	25,852	28,446	29,898
こづかい	10,812	12,322	12,433	13,309	14,265	15,673	17,713	18,447
交際費	14,794	15,266	16,229	17,956	19,313	20,668	22,512	22,472
合計	63,680	68,978	72,822	77,373	81,077	88,503	96,523	102,184
職業費実収入比	15.82%	15.81%	15.20%	15.21%	15.03%	15.47%	15.55%	14.82%

職業費項目	年間収入階級		
	1250万円未満	1500万円未満	1500万円以上
実収入	794,133	953,392	1,162,658
被服及び履物	11,182	14,243	17,311
交通	11,779	14,960	18,677
通信	10,051	11,300	11,349
書籍・他の印刷物	2,530	3,068	3,182
諸雑費	32,521	35,972	43,751
こづかい	20,488	22,222	25,982
交際費	26,011	31,821	34,993
合計	114,561	133,586	155,245
職業費実収入比	14.43%	14.01%	13.35%

（注1）実収入とは、一般に言われる税込み収入である。
（注2）「被服及び履物」、「通信」、「書籍・他の印刷物」につき、世帯人員で除し、有業人員で乗じている。

（実証的研究28頁資料1）

別紙2　特別経費、学習費

(1)　特別経費（実証的研究31頁資料2）

（資料2）平成25～29年　特別経費実収入比の平均値
家計調査年報第2−6表　年間収入階級別1世帯当たり1か月間の収入と支出
（全国・二人以上の世帯のうち勤労者世帯）

（単位：円）

特別経費 項目	平均	年間収入階級						
		200万円未満	250万円未満	300万円未満	350万円未満	400万円未満	450万円未満	500万円未満
実収入（注1）	525,962	148,113	231,167	255,873	289,452	308,539	350,865	374,178
住居関係費（注2）	56,666	22,247	26,630	35,586	34,812	37,455	45,284	46,562
保健医療	11,338	4,278	7,078	8,859	8,626	8,804	9,000	9,839
保険掛金	24,807	3,673	8,339	10,456	13,167	13,421	15,320	16,753
合計	92,810	30,198	42,047	54,900	56,606	59,681	69,605	73,154
特別経費実収入比	17.65%	20.39%	18.19%	21.46%	19.56%	19.34%	19.84%	19.55%

特別経費 項目	年間収入階級						
	550万円未満	600万円未満	650万円未満	700万円未満	750万円未満	800万円未満	900万円未満	1000万円未満
実収入（注1）	402,647	436,318	479,157	508,814	539,588	572,175	620,802	689,347
住居関係費（注2）	46,659	50,890	55,167	58,376	63,085	64,056	64,469	68,332
保健医療	9,888	10,481	10,638	10,752	11,227	11,704	12,566	13,722
保険掛金	19,055	20,979	21,570	24,475	25,426	26,429	31,494	35,889
合計	75,602	82,351	87,374	93,603	99,738	102,190	108,528	117,943
特別経費実収入比	18.78%	18.87%	18.23%	18.40%	18.48%	17.86%	17.48%	17.11%

特別経費 項目	年間収入階級		
	1250万円未満	1500万円未満	1500万円以上
実収入（注1）	794,133	953,392	1,162,658
住居関係費（注2）	78,065	78,903	91,554
保健医療	15,452	16,156	16,891
保険掛金	37,813	46,678	50,486
合計	131,330	141,737	158,931
特別経費実収入比	16.54%	14.87%	13.67%

（注1）実収入とは、一般に言われる税込み収入である。
（注2）住居関係費とは、「住居」の額に「土地家屋に関する借金返済」の額を加えたものである。

(2)　学習費（実証的研究39頁資料4）

（資料4）子供の学習費調査「1　学校種別の学習費」
（幼児・児童・生徒1人当たり年間額）

平成24年度

区分	幼稚園		小学校		中学校		高等学校（全日制）	
	公立	私立	公立	私立	公立	私立	公立	私立
学校教育費	131,624	340,464	55,197	822,467	131,534	997,526	230,837	722,212

平成26年度

区分	幼稚園		小学校		中学校		高等学校（全日制）	
	公立	私立	公立	私立	公立	私立	公立	私立
学校教育費	119,175	319,619	59,228	885,639	128,964	1,022,397	242,692	740,144

平成28年度

区分	幼稚園		小学校		中学校		高等学校（全日制）	
	公立	私立	公立	私立	公立	私立	公立	私立
学校教育費	120,546	318,763	60,043	870,408	133,640	997,435	275,991	755,101

平均（平成24～28年度）

区分	幼稚園		小学校		中学校		高等学校（全日制）	
	公立	私立	公立	私立	公立	私立	公立	私立
学校教育費	123,782	326,282	58,156	859,505	131,379	1,005,786	249,840	739,152

平均（平成26～28年度）

区分	幼稚園		小学校		中学校		高等学校（全日制）	
	公立	私立	公立	私立	公立	私立	公立	私立
学校教育費	119,861	319,191	59,636	878,024	131,302	1,009,916	259,342	747,623

別紙３　生活保護制度における生活扶助基準額の算出方法

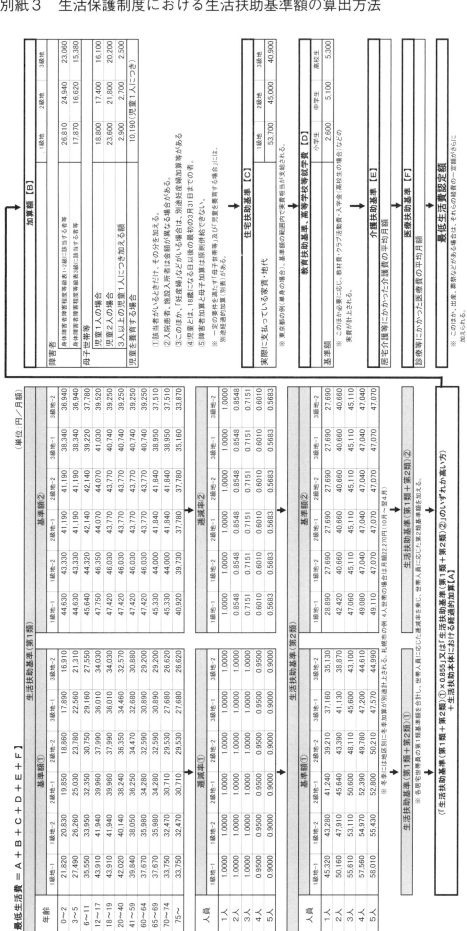

（厚生労働省「生活保護制度における生活扶助基準額の算出方法（令和３年４月）」（https://www.mhlw.go.jp/content/000776372.pdf（2021.8.20））を加工して作成）

別紙4　賃金センサスによる平均賃金

	男性・女性計		男　性　計		女　性　計	
	平成31年度 (2019)	平成30年度 (2018)	平成31年度 (2019)	平成30年度 (2018)	平成31年度 (2019)	平成30年度 (2018)
学　歴　計	5,006,900	4,972,000	5,609,700	5,584,500	3,880,000	3,826,300
〜19歳	2,523,400	2,524,200	2,625,600	2,620,500	2,344,400	2,348,600
20〜24歳	3,228,300	3,214,500	3,376,800	3,364,500	3,064,300	3,049,800
25〜29歳	4,031,200	3,969,200	4,281,700	4,212,700	3,675,400	3,623,200
30〜34歳	4,603,600	4,551,600	4,985,800	4,941,500	3,871,500	3,816,200
35〜39歳	5,065,500	5,007,500	5,573,200	5,527,500	3,987,400	3,945,500
40〜44歳	5,440,000	5,400,700	6,063,000	6,035,200	4,194,800	4,117,600
45〜49歳	5,778,200	5,805,300	6,547,400	6,612,100	4,271,500	4,213,300
50〜54歳	6,142,700	6,121,200	7,088,100	7,082,300	4,303,800	4,220,700
55〜59歳	5,965,900	5,973,200	6,871,800	6,850,700	4,124,100	4,118,200
60〜64歳	4,279,300	4,177,600	4,668,500	4,550,800	3,353,800	3,243,800
65〜69歳	3,550,700	3,451,500	3,750,000	3,646,000	2,998,500	2,924,100
70歳〜	3,218,100	3,304,600	3,318,400	3,429,900	2,945,600	2,962,200
中　学　卒	3,808,500	3,807,100	4,114,600	4,128,200	2,778,800	2,736,800
〜19歳	2,427,400	2,286,500	2,563,600	2,392,300	2,069,800	2,026,800
20〜24歳	2,810,700	2,886,500	2,986,000	3,124,400	2,391,400	2,443,100
25〜29歳	3,271,600	3,312,300	3,549,000	3,553,900	2,694,000	2,775,100
30〜34歳	3,676,100	3,679,800	4,016,900	4,044,700	2,633,900	2,818,200
35〜39歳	4,105,500	4,081,100	4,449,900	4,410,000	2,885,100	2,991,200
40〜44歳	4,281,900	4,247,700	4,652,600	4,598,000	2,980,900	2,976,200
45〜49歳	4,441,700	4,578,100	4,812,900	4,974,800	3,087,300	3,010,800
50〜54歳	4,449,100	4,613,700	4,858,800	4,971,700	3,080,900	3,107,400
55〜59歳	4,543,300	4,616,600	4,906,900	4,973,100	3,038,200	2,994,900
60〜64歳	3,465,800	3,334,500	3,703,400	3,565,300	2,598,000	2,547,600
65〜69歳	3,000,900	2,860,700	3,132,100	3,044,200	2,518,500	2,292,300
70歳〜	2,771,400	2,687,800	2,874,600	2,825,700	2,433,000	2,156,900
高　校　卒	4,309,000	4,280,700	4,835,500	4,811,100	3,201,600	3,175,100
〜19歳	2,527,400	2,531,800	2,627,600	2,629,600	2,351,800	2,357,200
20〜24歳	3,189,200	3,171,400	3,412,700	3,397,200	2,802,100	2,774,500
25〜29歳	3,618,800	3,564,500	3,955,600	3,873,100	2,933,500	2,921,500
30〜34歳	3,969,900	3,910,100	4,358,700	4,304,300	3,010,300	2,987,900
35〜39歳	4,323,700	4,270,400	4,797,300	4,754,700	3,123,700	3,102,500
40〜44歳	4,660,000	4,632,700	5,224,600	5,212,600	3,322,800	3,292,600
45〜49歳	4,927,200	4,850,400	5,626,100	5,555,800	3,504,500	3,466,300
50〜54歳	5,002,000	5,020,400	5,798,400	5,849,600	3,517,500	3,468,500
55〜59歳	4,958,000	4,989,900	5,749,700	5,764,900	3,460,800	3,487,000
60〜64歳	3,605,600	3,530,100	3,950,700	3,883,900	2,862,200	2,772,700
65〜69歳	3,087,300	3,006,300	3,255,800	3,161,900	2,662,100	2,608,500
70歳〜	2,804,300	2,843,200	2,864,100	2,878,900	2,649,800	2,758,100
高専・短大卒	4,523,000	4,472,000	5,165,100	5,104,700	4,065,500	4,023,900
〜19歳	—	—	—	—	—	—
20〜24歳	3,138,600	3,091,900	3,236,900	3,167,600	3,086,000	3,050,400
25〜29歳	3,725,900	3,629,800	3,923,000	3,864,400	3,589,300	3,479,800
30〜34歳	4,110,300	4,041,600	4,500,000	4,388,300	3,730,500	3,719,900
35〜39歳	4,408,500	4,388,100	4,930,600	4,908,600	3,938,900	3,950,700
40〜44歳	4,768,800	4,777,600	5,444,700	5,478,700	4,250,200	4,222,300
45〜49歳	5,175,800	5,184,200	6,068,900	6,103,400	4,522,000	4,504,300
50〜54歳	5,373,900	5,297,400	6,569,500	6,526,000	4,640,600	4,578,500
55〜59歳	5,244,800	5,170,000	6,539,100	6,362,700	4,558,200	4,539,300
60〜64歳	3,995,200	4,003,200	4,439,500	4,383,000	3,754,100	3,747,200
65〜69歳	3,622,900	3,529,700	3,836,000	3,537,200	3,469,000	3,523,600
70歳〜	3,465,000	3,687,300	3,091,200	3,463,300	3,708,600	3,799,300
大学・大学院卒	6,181,500	6,149,700	6,714,600	6,689,300	4,720,400	4,625,900
〜19歳	—	—	—	—	—	—
20〜24歳	3,346,900	3,353,300	3,412,900	3,425,800	3,277,500	3,278,600
25〜29歳	4,381,500	4,329,700	4,588,000	4,529,900	4,075,900	4,035,100
30〜34歳	5,286,200	5,246,700	5,629,400	5,586,000	4,549,200	4,479,800
35〜39歳	6,062,300	6,022,600	6,480,100	6,435,900	4,888,100	4,833,300
40〜44歳	6,826,900	6,777,700	7,249,000	7,199,200	5,443,700	5,318,000
45〜49歳	7,558,400	7,733,600	7,993,000	8,181,900	5,780,400	5,735,100
50〜54歳	8,584,300	8,553,100	9,025,600	8,963,400	6,376,300	6,277,200
55〜59歳	8,328,600	8,236,500	8,665,300	8,552,200	6,199,500	6,063,200
60〜64歳	5,851,000	5,709,600	5,932,700	5,753,900	5,220,800	5,299,200
65〜69歳	5,308,500	5,302,500	5,302,700	5,317,100	5,362,000	5,187,000
70歳〜	5,441,900	5,995,400	5,428,300	6,052,000	5,543,000	5,511,400

（厚生労働省「賃金構造基本統計調査」を参考に作成）

即解330問　婚姻費用・養育費の算定実務

令和3年9月16日　初版一刷発行
八刷発行

著者　松　本　哲　泓
発行者　新日本法規出版株式会社
代表者　星　　謙　一　郎

発 行 所　新 日 本 法 規 出 版 株 式 会 社

本　　社　（460-8455）　名 古 屋 市 中 区 栄 1 － 23 － 20
総轄本部　　　　　　　　　電話　代表　052（211）1525

東京本社　（162-8407）　東京都新宿区市谷砂土原町2－6
　　　　　　　　　　　　　電話　代表　03（3269）2220

支　　社　札幌・仙台・東京・関東・名古屋・大阪・広島
　　　　　　高松・福岡

ホームページ　https://www.sn-hoki.co.jp/